Curso práctico de captación de fondos

Basado en la experiencia

Editado por: Fundación ARSIS

Autora: Montse de Paz

Creative Commons

Copyright © 2018 Fundación ARSIS
Copyright © 2018 Montse de Paz

Todos los derechos reservados. Queda prohibida la reproducción total o parcial sin el consentimiento expreso y por escrito del autor. Quien incumpla este supuesto estará incurriendo en delito penado por la ley.

ISBN-10: 1722200871
ISBN-13: 978-1722200879

Dedicatoria

A todas las personas que comunican buenas noticias y piden ayuda para una buena causa.

Agradecimiento

A los donantes y amigos de la Fundación ARSIS, que me han enseñado valiosas lecciones de humanidad y altruismo.

Índice

Introducción   11

Tema 1. ¿Qué es captar fondos?   13

Tema 2. ¿Dónde están los fondos?   29

Tema 3. Prepárate en tres pasos   35

Tema 4. Tus "armas" o recursos   49

Tema 5. La petición, paso a paso   73

Tema 6. Después de pedir...   87

Tema 7. El cierre de la gestión   97

Tema 8. Captar fondos por Internet   103

Despedida   121

Introducción

Empecé a captar fondos con veintidós años. Lo hice llamando a puerta fría y no tenía formación ni experiencia alguna. Pero tenía algo: mi fe en un proyecto y un puñado de vivencias que se traslucían en mis palabras cuando hablaba a las personas que me querían recibir sobre los niños de la calle, los abuelos solitarios o los jóvenes en busca de sentido.

Contando historias, historias reales que conocía de primera mano, de las que yo misma formaba parte, aprendí que la captación de fondos es, ante todo, comunicación.

En mis visitas, escuchando las historias que, a su vez, me contaban mis oyentes, me di cuenta de que captar fondos también tiene mucho que ver con la atención cálida, la confianza y la amistad.

Existen muchos manuales sobre captación de fondos. Este es muy sencillo, y si tiene algo original respecto a otros es que está basado en la pura experiencia de una pequeña entidad sin grandes recursos para emprender campañas de publicidad masivas, o para pagar equipos de diseñadores y *fundraisers* profesionales. Si formas parte de una pequeña asociación o fundación (como la mayoría de ONG que existen, aunque no sean muy conocidas) y necesitas orientación, motivación e ideas, espero que el contenido de este librito te sea útil y puedas convertirlo en acciones prácticas y exitosas. ¡Este es nuestro deseo!

Montse de Paz
Fundación ARSIS

Tema 1. ¿Qué es captar fondos?

Para reflexionar y prepararse un poco

Hacer amigos

¿Qué es captar fondos? La pregunta parece obvia. Pero no lo es tanto. Captar fondos es mucho más que buscar dinero. Se trata de reunir, alrededor de nuestra ONG, a un grupo de personas e instituciones que crean en nosotros, simpaticen con nuestro trabajo, colaboren, apoyen, animen y den recursos —no sólo materiales y económicos—. En definitiva, un grupo de gente que comparta nuestra misión y nos ayude a llevarla a cabo. Algunos consultores dicen, con razón, que captar fondos tiene mucho más que ver con hacer amigos que con buscar dinero.

Si conseguimos que un grupo de personas y entidades nos apoyen, los fondos surgirán de diversas partes y nuestra ONG podrá crecer.

Por ello es interesante conocer a las personas que nos rodean y relacionarnos con ellas. Estudiar las tendencias sociales, escuchar a la gente de nuestro entorno, saber cómo piensa, cómo vive, qué valores comparten... todo esto nos ayudará a establecer una comunicación eficaz, clave para poder invitarles a colaborar con nuestro proyecto.

Comunicar para provocar el cambio

A menudo los miembros de las ONG nos angustiamos por la carencia económica y pensamos que lo primero que hemos de hacer es buscar recursos. Pero hay algo previo y aún más importante: **comunicar**.

Las personas son lo primero. El primer paso es escuchar de forma atenta y activa. Escuchemos. La gente a nuestro alrededor cambia. No es la misma hoy que hace cinco años, ni lo será mañana. Escuchemos las inquietudes, las motivaciones, los deseos y las preocupaciones de quienes nos rodean. Posiblemente nos percataremos de que son las mismas, o muy parecidas, que las que nos han impulsado a crear nuestra organización. Por ejemplo: el paro, la precariedad económica, la violencia, la droga, la salud... Son temas que preocupan muchísimo. La mayoría de ONG precisamente se crean para combatir estos problemas. Pero, a menudo, nos lanzamos a trabajar y nos olvidamos de tomar el pulso regularmente a la sociedad que nos rodea. Y puede ser que nuestra forma de abordar los problemas no siempre responda a las necesidades reales o a la sensibilidad social del momento.

La primera función de las ONG es conectar con el público, captar sus inquietudes y, a partir de ahí, ofrecer soluciones. Lo primero que ofrecemos no son cosas o acciones concretas, sino un valor: la convicción de que las cosas pueden cambiar y mejorar. Sin esta esperanza, nuestra iniciativa jamás hubiera surgido. Lograr cambiar la mentalidad, **sensibilizar** al público sobre un problema, **despertar** en la gente el deseo de hacer algo para mejorar sus vidas, esta es la primera función de toda ONG que se propone generar un cambio social.

Una vieja y actualísima ley

El marketing es un concepto que un genial americano acuñó en los años cuarenta. Tras el primer boom de la sociedad industrial y la fabricación en serie los mercados se saturaron, las ventas descendieron y sobrevino la crisis. Entonces las empresas comenzaron a pensar qué podían hacer para remontar sus ventas.

Cuando sobra producto, hay dos opciones inmediatas: fabricar menos o despedir trabajadores. Pero queda una tercera solución si no quieres parar las máquinas: conseguir que la gente compre más. ¿Cómo? De ahí surge la idea del marketing.

Esta es la ley fundamental del marketing: el producto no se fabrica en la industria, sino en la mente del cliente. Se trata de desvelar el deseo del cliente. La gente compra, no tanto lo que necesita, sino lo que **desea**.

En el caso de las ONG, se trata de conseguir que la gente desee firmemente ser solidaria, tolerante, respetuosa con el medio ambiente, acogedora con los que vienen de afuera, participativa en su comunidad. Que busque la justicia, la igualdad de oportunidades, que quiera luchar por los derechos humanos... En definitiva, se trata de lograr que las personas *quieran ayudar* a nuestra causa.

Explica tu historia

A la hora de ir a buscar fondos, nos daremos cuenta de que no podemos lanzarnos, sin más, a la aventura. Necesitamos prepararnos. Captar fondos nos obliga a explicar nuestra historia, a comunicar nuestra misión y a ofrecer algo a quienes pedimos. Si no estamos firmemente convencidos y entusiasmados con nuestros objetivos y no nos sentimos plenamente implicados con nuestra organización, nuestra labor dará pocos resultados.

De alguna manera, captar fondos nos exige ser coherentes y creer de verdad en aquello para lo que pedimos. Por ello es importante que la persona que capta fondos conozca bien el origen y la trayectoria de la entidad y se sienta identificada con sus valores y sus metas.

La casa, en orden

Previo a la captación de fondos, es necesario reflexionar y tener muy claro quiénes somos y a dónde queremos ir. La captación de fondos forma parte de la **planificación estratégica** de la entidad y no puede desligarse de ella. Es decir, antes de salir afuera, hemos de tener la casa en orden y saber dónde está nuestro lugar dentro del organigrama y el funcionamiento de la entidad. Si ésta no funciona adecuadamente, si no hay un orden mínimo y una correcta gestión, la captación de fondos estará desorientada, carecerá de buenos fundamentos y no transmitirá una imagen lo bastante fiable de la ONG.

Toda organización nace de la inquietud de una persona o un grupo de personas con una razón de ser concreta: es su **misión**. Esa misión la distingue y motiva toda su acción. Los miembros de la entidad trabajan movidos por unos **valores** que los unen y con una **visión** en mente: la consecución de las metas que se proponen.

A partir de la misión, la entidad desarrolla un plan para conseguir lo que se propone. Esto es la planificación estratégica: el mapa o camino que debe seguir para convertir su misión en un impacto social efectivo.

De la misión surgen unos objetivos o líneas de trabajo, que se llevarán a cabo mediante la **gestión estratégica**. Esta gestión se concreta en acciones, que contemplan:

- Quién lo hace.
- Qué haremos.
- Cómo lo haremos.
- Con qué recursos.
- Cómo evaluaremos los resultados.

Ejemplo

Uuna ONG que se crea para ofrecer ocio educativo a los niños del barrio tiene clara su misión: brindar un espacio de tiempo libre sano y con valores humanos a los niños de su entorno. Su planificación estratégica consistirá en describir los pasos para cumplir esta misión: desde buscar un local, un equipo de educadores voluntarios, hacer un calendario de actividades, conseguir el material necesario, hacer publicidad en el entorno... y conseguir el dinero y los recursos para poner en marcha la actividad. Así mismo, contemplará una metodología de evaluación: a través de reuniones, unas fichas de seguimiento de la actividad, inscripciones para los niños, elaboración de memorias, etc.

La **captación de fondos** forma parte del plan de marketing de la entidad y ha de ir acorde con su misión y su gestión estratégica. Por eso es importante tener éstas bien claras y definidas antes de iniciar cualquier acción de comunicación, marketing o captación de recursos.

Nuestra acción como captadores de fondos o *fundraisers* entra de lleno en el plan de marketing y está muy ligada a la comunicación.

Una primera inversión es necesaria

No podemos captar fondos si no tenemos una mínima organización y recursos. En primer lugar, deberemos hacer un plan de captación anual. Necesitaremos preparar nuestra «cartera» con folletos explicativos y alguna memoria de la entidad, material gráfico y boletos de colaboración. Para hacer el seguimiento de las gestiones necesitaremos una secretaría mínima, medios de archivo, teléfono, Internet. Si hemos de hacer mailing, precisaremos de papel, impresora, fotocopiadora, sobres...

En cuanto a la Red, es imprescindible contar con una página web, clara y sencilla, que explique quién somos y qué hacemos, cómo se puede ayudar y cómo contactar con nosotros. Además de tener presencia en las redes sociales y abrir algún canal interactivo con el público, como un blog.

Todo esto es necesario para organizar una campaña de captación de recursos, por sencilla que sea. Y esto supone invertir algo de dinero que hemos de prever. No podemos captar fondos sin hacer una inversión previa.

Qué necesitamos para empezar

Para emprender una campaña de captación de fondos necesitamos:

- **Un líder y un equipo**. Alguien que la dirija. Es esencial que una persona se responsabilice de la campaña, manteniendo al equipo unido y recordando la misión y objetivos de la misma. Este líder velará porque se cumplan los objetivos de la campaña y rendirá cuenta de sus resultados ante la dirección de la ONG y sus colaboradores. Los miembros del equipo tendrán diversas responsabilidades, que deben estar bien definidas. En las pequeñas ONG será tal vez una misma persona que desempeñará todas las funciones, ayudada puntualmente por otras, tal vez, o por voluntarios.

- **Una meta**. ¿Qué queremos conseguir? Deben cuantificarse y concretarse los resultados esperados. Por ejemplo, si buscamos financiación para construir una escuela en Africa, la meta será reunir los fondos necesarios para ello y que la escuela, realmente, se construya.
- **Un plan**. ¿Cómo lo vamos a conseguir? ¿Cuáles serán nuestros objetivos y las personas e instituciones a las que pediremos? Aquí deberemos listar todas las acciones que emprenderemos y las instituciones y personas donantes con las que prevemos contactar para conseguir los fondos.
- **Tiempo**. Hemos de dedicar un tiempo regular y no escaso a este trabajo. Es tan importante como un proyecto más de la organización, pues de él se nutrirán las otras actividades. Lo ideal es que al menos haya una persona que se dedique a esta tarea, a tiempo completo.
- **Recursos**: material informativo de la ONG, memorias, teléfono, Internet, ordenador, impresora, papelería, archivo, fuentes de información, etc.

Recapitulando

Vamos a revisar los pasos previos para iniciar la captación de fondos. En primer lugar, los planteamientos de base:

- No podemos llevar adelante nuestra iniciativa solos. Necesitamos de un grupo de personas e instituciones que nos apoyen. De ellos surgirán los fondos que nos ayudarán a financiar nuestros proyectos.
- Se trata de crear un círculo de amigos que estén sinceramente comprometidos e interesados en ayudarnos.
- Hemos de preparar todo lo necesario para ir a buscar recursos. Comenzando por la propia organización y su infraestructura.
- Antes de pedir, hemos de creer firme y entusiastamente en aquello para lo que pedimos.
- Captar fondos debe ser considerado como un proyecto más de la organización. Es útil, necesario, productivo y debe realizarse con profesionalidad, aunque lo desempeñen personas voluntarias.

Vendemos algo muy valioso

No olvidemos que captar fondos es, en cierto modo, como una venta. Hemos de vender algo... a alguien, a cambio de unos recursos. En el mundo del mercado se puede ilusionar y a veces, por desgracia, se engaña al cliente. Pero en el mundo de las ONG hemos de ser absolutamente honestos y transparentes. No podemos defraudar. El proyecto o la causa para la que pedimos ha de ser real, útil, necesario y ha de marcar una diferencia positiva en nuestra sociedad. Estamos vendiendo esperanza y soluciones. Estamos vendiendo la posibilidad de ayudar a mejorar el mundo.

Como veremos, nuestro «producto» es sensacional. Pero si no lo sabemos vender, por muy bueno que sea, no conseguiremos nada. Por eso vale la pena formarse y prepararse bien para vender ese extraordinario proyecto con el «envoltorio» y la estrategia de marketing que se merece.

🐚 Ejercicio 1

Intenta explicar la historia de tu organización en un escrito de no más de diez líneas. No necesitas ser un gran escritor. Intenta narrarla como si la estuvieras contando a una persona que no sabe nada de ella. Además de ser un ejercicio literario y de expresión, verás cómo te ayuda a clarificar las ideas. Para captar fondos necesitas saber explicar tu historia.

❂ El regalo de hoy: un modelo de planificación estratégica

La planificación estratégica te permitirá llevar a la práctica, paso a paso, todas tus ideas. Cada proyecto necesita una planificación. Captar fondos también la necesita, pues es un proyecto más, vital para la supervivencia de tu organización.

Esta planificación es necesario que se haga en equipo: todos en la organización estáis implicados en ella.

Modelo de planificación estratégica

Aplicable a a la ONG en general y a proyectos en particular.

Misión
Redactad una definición breve y concreta. ¿Cuál es vuestra razón de ser? Pensad en una frase que se pueda recordar. La misión orienta toda la actuación de la ONG.
Visión
A medio y a largo plazo (de 3 a 5 años). Visualizar lo que queremos ser. La "fotografía" ha de ser a color y con detalles. Recordad: vosotros ponéis la meta allá donde queréis. La visión compartida se alcanza antes y mejor.
Valores
Definir los valores básicos de la entidad o proyecto (entre 3 y 6). Los valores, como la misión, son motivadores y ayudan a enfocar la acción y el *cómo* ésta se lleva a cabo. Han de ser acordes con la misión. Una buena idea es difundir estos valores a través de vuestras publicaciones, vuestra web, camisetas, pósters, puntos de libro...
Objetivos
Son las **líneas de acción** que concretan la misión. Deben ser concretos, medibles, ambiciosos, alcanzables. Los objetivos se proponen cada año; para trabajar bien, deberían ser entre tres y seis. Cada objetivo ha de relacionarse con un resultado a conseguir y con unos indicadores que nos mostrarán cómo se comprueba el cumplimiento de los mismos. Objetivo —> Indicadores —> Resultado.

OBJETIVOS E INDICADORES un ejemplo

Objetivo	Resultado	Indicadores
Ejemplo: construir una escuela para 100 alumnos en el poblado de K.	Se inaugura la escuela con 100 alumnos inscritos y 5 profesores.	El edificio. El equipo docente. Fichas de alumnos inscritos. Documentos legales.

Análisis interno
Conócete a ti mismo.

Es bueno comenzar realizando un **diagnóstico de la entidad** para conocer mejor nuestras posibilidades y saber qué necesitamos. Este diagnóstico debe ser hecho en grupo, al menos con todos los miembros del grupo directivo, para obtener una radiografía lo más completa posible de la ONG.

Una buena táctica es describir:

- Las **fortalezas**. Son aquello que hacemos mejor, los aspectos en que somos competentes y eficaces.
- Las **debilidades**. Son aquello en lo que debemos mejorar.
- Las **carencias**. Es todo lo que nos falta para poder desarrollar nuestra actividad y cumplir nuestra misión con eficacia.

La finalidad de este análisis no es recrearnos en nuestras penas o en nuestros éxitos. Se trata de averiguar en qué somos buenos, de qué pie cojeamos y qué necesitamos. A partir de aquí, hay que buscar la manera de convertir las debilidades en fortalezas y ver cómo paliamos o resolvemos las carencias.

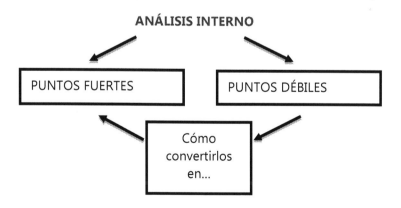

Análisis del entorno
Conoce el territorio

Tan importante como conocerse a sí mismo es explorar el entorno y saber en qué terreno nos movemos.

Los misioneros que acuden a otro país suelen recomiendan que se pase allí un tiempo largo, al menos un año, conviviendo con sus gentes, escuchando, conociendo y observando antes de emprender proyectos. No podemos lanzar iniciativas sin tener en cuenta las necesidades y las circunstancias de la población que nos rodea. Una misión que no se adecúa a las demandas del entorno será energía perdida y estéril.

En el análisis del entorno será bueno describir con detalle:
- Las **amenazas**. Son hechos o circunstancias del entorno social que pueden dificultarnos o impedir nuestra labor. Puede tratarse de coyunturas políticas, económicas, movimientos ciudadanos, trabas legales, catástrofes, etc.
- Las **oportunidades**: son aquellas situaciones que nos pueden facilitar el trabajo o abrirnos puertas. También puede tratarse de aspectos gubernamentales, una buena racha económica del país, tendencias sociales favorables, políticas acordes a nuestra misión, etc.

Tanto las amenazas como las oportunidades son factores que no podemos controlar, pero siempre podemos decidir como posicionarnos ante ellas e intentar convertir las amenazas en oportunidades, o en ocasiones para mejorar.

Cómo nos situamos en el entorno social

Se trata de definir qué queremos ser y cómo queremos que nos identifiquen.
¿Qué ofrecemos a la sociedad, y qué pedimos?
¿Qué ideas, valores o actuaciones nos distinguen de otras instituciones?
¿Qué nos hace diferentes? ¿En qué destacamos?
¿Qué mensaje queremos transmitir? ¿Qué valores? ¿Qué servicios?
Si pudiéramos resumir nuestra ONG en un eslogan ¿cuál sería?

Análisis de los grupos de interés o "stakeholders"

Esto también es muy importante. Se trata de definir, listar e incluso cuantificar los grupos humanos que nos rodean y que se ven afectados, directa o indirectamente, por nuestra acción. Además, conviene saber que posición ocupan en relación con nosotros, qué piensan de nosotros y cuál es su actitud hacia la ONG. Su presencia puede suponer una oportunidad o una amenaza, según el caso.

Dos baremos para analizar su incidencia en nuestra organización: ¿Hasta qué punto son importante se influyen en nuestra acción? ¿Están a favor nuestro, en contra o son indiferentes?

Una buena estrategia buscará identificar aquellos grupos importantes para la ONG y conseguir que estén a favor y colaboren de alguna manera.

LOS GRUPOS DE INTERÉS: cómo definirlos

	Importantes: I	No importantes: N
A favor: F	**FI** ←	FN
En contra: C	**CI**	CN

Nos interesa:
- tener el máximo de favor e importantes (**FI**).
- que los que están en contra y son importantes (CI) se vuelvan a favor.
- que los que están a favor y no son importantes (FN) ganen importancia si es posible.
- Los CN no deben preocuparnos...

Gestión estratégica
Desarrollo de la acción Enumerar las **líneas estratégicas principales** de acuerdo con los objetivos y las acciones que se corresponden con ellas.
Gestión operativa
Qué haremos en concreto —acciones, proyectos—. **Dónde** actuaremos. **Cómo** nos vamos a comunicar con el entorno. **Cómo lo haremos:** **Qué necesitamos** —recursos—: • Humanos. • Materiales. • Técnicos. • Económicos: hacer presupuesto con previsión de gastos y fuentes de financiación.

LÍNEAS ESTRATÉGICAS (un ejemplo)

- Apoyo a la infancia
  - Refuerzo escolar
  - Asistencia psicológica
- Promoción de la mujer
  - Talleres de salud
  - Charlas de autoestima

Plan de acción a realizar para cada actividad o proyecto				
Modelo de plan de acción:				
Acción	Responsable	Recursos necesarios	Presupuesto	Fechas de realización

Evaluación
• Qué resultado esperamos. • Cómo se medirá. • Qué indicadores vamos a emplear.

SEGUIMIENTO Y EVALUACIÓN: un ejemplo

Objetivo	Resultado esperado	Resultado final	Indicadores
Ofrecer refuerzo escolar a 25 niños.	25 niños mejoran su rendimiento escolar y aprueban el 90% de materias.	27 niños apuntados. 22 de ellos mejoran su rendimiento aprobando el 80 % de materias.	Número de niños inscritos. Fichas de inscripción y seguimiento. Notas escolares.

Tema 2. ¿Dónde están los fondos?

La tarea del explorador

Las diez fuentes

Seamos realistas. Necesitamos dinero para funcionar. En el mundo, aunque no lo parezca, hay mucho dinero. Muchísimo. A nuestro alrededor, incluso en el barrio más sencillo, hay dinero. ¿Cómo hacer que éste afluya para poder costear nuestros proyectos? Aquí hemos de iniciar la primera de nuestras tareas: la del explorador.

Hay, por lo menos, diez grandes fuentes de donde manan los fondos:

1. **Subvenciones de la administración** pública: local, regional, nacional e internacional.
2. Subvenciones de **fundaciones privadas** y cajas de ahorros.
3. **Empresas** con inquietudes sociales que hacen donaciones.
4. **Socios**, padrinos o benefactores que pagan una cuota mensual o anual.
5. **Venta** de productos: mercado justo, bazares, artesanía, manualidades, camisetas, etc.
6. Venta de números de **lotería y rifas**, cestas de Navidad, etc.
7. Celebración de **eventos** y venta de entradas o tiquets. Por ejemplo, una paella popular o un festival benéfico.

8. Generar un **negocio propio**. Por ejemplo, un pequeño restaurante, un bar, una cooperativa, una empresa de inserción, un taller de reciclaje, una casa de campamentos, impartir cursos, etc.
9. Los **legados** (herencias) o grandes donaciones.
10. **Donantes** particulares que hacen importantes donaciones puntuales.

¿Cuáles de estas fuentes podemos explotar? Casi todos tenemos la posibilidad de conseguir fondos a partir de más de una de ellas. Como en economía, es importante diversificar. No dependamos de una sola fuente. Si ésta fallara, ¿tendríamos que cerrar puertas? Conviene que nuestros fondos procedan de varias fuentes y en proporciones equilibradas. Es decir, que si una fuente nos falla, podamos continuar funcionando, aunque sea con menores recursos.

✺Ejercicio 2

Piensa unos minutos en cada una de estas 10 fuentes y anota qué ideas se te ocurren acerca de cada una. Por ejemplo:

- **Empresas**: todos conocemos alguna empresa de nuestro entorno donde trabaja un familiar o amigo que tal vez podría colaborar.
- **Socios** o padrinos: todos podemos pedir ayuda a nuestros familiares, colegas y vecinos.
- **Lotería** de Navidad: ¿hemos pensado vender números?
- **Bancos**: ¿por qué no preguntar en la entidad bancaria donde tenemos abierta una cuenta? Quizás tienen una obra social a la que podríamos acudir.

¿Cómo enterarse?

A la hora de captar fondos, hay que estar a la última. Debes saber que cada vez somos más las ONG que pedimos ayuda, y los recursos no aumentan al mismo ritmo. Por tanto, se da una competencia, que no tiene por qué ser agresiva y feroz, como en el mundo empresarial, pero nos exige estar alerta y muy bien conectados.

¿Cómo estar al día de las novedades? Hay varias maneras y os indico diversos lugares interesantes a visitar:

- www.solucionesong.org, una de las webs más útiles, completas y navegables con recursos e información de ayudas para el tercer sector. Puedes inscribirte en su boletín gratuito semanal y estarás al día de todas las convocatorias que salgan.
- La **Fundación Luis Vives** ofrece una buena sección dedicada a ayudas y subvenciones en www.fundacionluisvives.org, además de un manual para la formulación de proyectos sociales que os puede ser de utilidad (se descarga de la misma web en formato pdf).
- El Observatorio del Tercer Sector os ofrece múltiples recursos de interés, incluida una gran biblioteca, www.tercersector.net
- Para buscar subvenciones de la administración pública en España visitad www.administracion.es y www.ayudasplus.com
- La web www.ayudas.net brinda un completo buscador de todo tipo de ayudas, para cualquier actividad. Es rápida y muy completa.
- Completo directorio: www.todosubvenciones.com
- Para becas, visitad www.mundobecas.com

- Si queréis buscar ayudas en la Unión Europea, visitad la web www.accesoaeuropa.es y también www.grant-guide.com
- Si buscáis subvenciones por municipios (en España) visitad www.subvenciones-municipios.com
- Web con muchos recursos y enlaces a fundaciones que ayudan es www.socialia.org
- Si estáis en Cataluña o entendéis el catalán, os recomiendo especialmente la web de **Torre Jussana**, donde publican un elenco de subvenciones de todo el estado español y la Unión Europea actualizadas, con vínculos a las páginas web de las organizaciones que las otorgan, www.bcn.es/tjussana.
- El **Centro de Fundaciones españolas** ofrece un directorio de fundaciones: www. fundaciones.org
- En la **Unión Europea**, la web del centro de fundaciones es www.efc.be
- Para las ONG de otros países fuera de España os recomiendo visitar la web de la **Agencia Española de Cooperación** y contactar con ellos, pues existen ayudas para proyectos de desarrollo en todo el mundo, especialmente en América Latina. La dirección es www.aeci.es.

➷Ejercicio 3

Confecciona una lista de todas las subvenciones y ayudas a las que puedas acceder. Ponles fecha si lo sabes. Colócalas en el calendario y en tu agenda. Muchas ayudas suelen ser anuales y las convocatorias salen alrededor de las mismas fechas. Así que puedes planificar anualmente qué ayudas vas a pedir.

Mirando a tu entorno

La captación de fondos institucional es importante, y puedes estar al día de las convocatorias públicas y privadas subscribiéndote a boletines virtuales o consultando regularmente por Internet. Pero la captación de fondos privada, muy importante, precisa de un trabajo de campo que comienza en tu entorno, apenas sales de casa.

¿Quiénes pueden contribuir a vuestra causa? Pensad en los círculos de personas que se mueven a vuestro alrededor. Desde el más próximo hasta el más alejado, en todos ellos hay posibles socios o donantes que pueden ayudaros.

- Vuestros familiares.
- Amigos.
- Conocidos.
- Compañeros de trabajo, de la ONG o de afuera.
- Los beneficiarios de la ONG y sus familiares.
- Vecinos del barrio directa o indirectamente beneficiados por vuestra acción.
- Tiendas y comercios locales.
- Vuestros proveedores regulares.
- Empresas de la zona.
- Potenciales grandes donantes a los que podáis acceder a través de otro amigo o conocido común.

Haz una lista de posibles donantes entre las personas que conozcas de estos círculos. Te sorprenderá ver que hay más de los que imaginabas.

Es importante llegar a implicar, especialmente, a las personas más afectadas por vuestra actuación: es decir, beneficiarios, sus familiares, trabajadores y voluntarios de la ONG. Aunque algunos no puedan contribuir económicamente, y otros ya colaboren de otras maneras, un pequeño gesto, como el pago de una módica cuota mensual como socio o padrino es algo que casi todo el mundo se puede permitir. Algunas entidades hacen razonamientos como éste: una cuota de 18 euros al mes supone apenas 0,60 euros al día. Menos de lo que nos podemos gastar en tabaco, un aperitivo o un café. ¿Quién no puede aportarlos?

❋ El regalo de hoy: un modelo de parrilla de seguimiento de ayudas

Con ejemplos.

Fecha convocat	Institución donante	Proyecto present	Fecha entrega	Nº registro	Fecha resoluc.	Fecha pago	Ayuda otorgada	Justificación
15 enero	Ayuntamiento	Escuela de padres	15 febrero	3457	15 junio	15 agosto	5000 €	15 diciembre
15 marzo	Fundación La Caixa	Taller de salud	31 marzo	125	30 junio	15 noviembre	3000 €	31 enero

Tema 3. Prepárate para la acción en tres pasos.

Antes de pedir una ayuda o de ir a visitar a un futuro espónsor debes tener en cuenta tres aspectos clave para tu éxito.

Un célebre autor y vendedor explica que, ante una entrevista para vender un producto, se dan tres factores clave. Para hacer una buena venta, hay que incidir especialmente en uno de los tres. ¿Cuál crees que es el más importante?

- el vendedor,
- el cliente,
- el producto.

En nuestro lenguaje, podríamos hablar de:

- el que pide —tú mismo—,
- el donante,
- tu proyecto.

¿Quién es el más importante?

A quién pides

Contra lo que muchos pudieran pensar, lo más importante no es el producto, sino **el cliente**. Toda tu atención debe estar fija en la persona o institución a la que vas a pedir colaboración. Para ello deberás:

- conocerla lo más a fondo posible: infórmate por contactos, amigos, prensa, publicaciones de la institución o empresa si es el caso, etc. Haz tu pequeño informe sobre "el cliente";
- averiguar si ha ayudado a otras ONG, cuáles y cómo;
- averiguar qué intereses tiene para poder ayudarte;
- si es una persona, conocer tanto como puedas sobre su carácter, aficiones, sensibilidad, familia, entorno...;
- si es una empresa, averiguar cuál es su situación en el mercado —¡no vayas a pedir a una empresa a punto de quiebra!—;
- si es una administración pública, averigua cuáles son sus políticas de subvenciones y qué prioridades tienen —por ejemplo, favorecer el empleo, la mujer, combatir los maltratos, potenciar la economía, etc.—.

Como ves, después de tu trabajo de explorador llega el momento de ejercer como detective. No es una pérdida de tiempo ni te llevará mucho. Pero es clave para acertar en tu gestión.

❧ Ejercicio 4

Crea tu base de datos de personas e instituciones que han ayudado, ayuden o puedan ayudar a tu ONG. Puedes hacerlo por medios telemáticos —con un programa estilo Access o similar— o con fichas de cartulina, para anotar las observaciones y los detalles interesantes de cada cual.

✱ El regalo de hoy: modelo de ficha de gestión

Nombre de la entidad	
Persona de contacto	
Teléfono	
Fax	
e-mail	
Dirección postal	
Web	

NOTAS

Fecha:

Fecha:

Fecha:

...

¿Para qué pides?

Es importante tener siempre presente lo que quieres obtener de tu gestión. Pides algo para una causa. Por ello, antes de emprender una gestión de captación de fondos debes tener en cuenta:

- el momento,
- la oportunidad.

El momento

Si pides ayuda a una institución, debes saber si ésta tiene unas fechas límite para recibir peticiones de ayuda. Hay que conocer su calendario para no presentar proyectos fuera de plazo o cuando no existen posibilidades de ayuda. Esto es especialmente importante en el caso de la administración pública y las fundaciones privadas. Casi todas ellas sacan convocatorias de ayudas con plazos de entrega. Si presentas una solicitud fuera de plazo no tendrás posibilidades.

✒ Ejercicio 5

Con tu listado de posibles donantes en mano, haz tu propio calendario anual, señalando las fechas en que suelen salir las convocatorias de cada una de éstas. Si no las conoces, investiga mirando en sus páginas web y averiguando las fechas de convocatorias de años anteriores. En el caso de particulares y empresas, piensa que dos buenos momentos para pedir ayuda son antes de final de año —con vistas a Navidad— y antes del verano, durante la primavera.

La oportunidad

Como hemos visto en el punto anterior, hay que saber a quién pedimos ayuda. Hemos de estudiar qué instituciones pueden ayudar a nuestra ONG. Porque no todo el mundo ayuda para todo. Por ejemplo, si una fundación destina sus subvenciones a proyectos de infancia y nuestra ONG trabaja con personas mayores, no tiene mucho sentido pedirle ayuda. O, si una convocatoria de ayudas está destinada solamente a organizaciones que trabajan en determinada ciudad o comunidad autónoma, es absurdo pedirles ayuda si nuestra entidad no está ubicada en ese territorio. Es decir, no pidamos peras al olmo. Busquemos ayudas que encajen con nuestros proyectos y con nuestra ONG, y no al contrario. Algunas personas creen que pueden hacer al revés, y diseñan sus proyectos pensando en las ayudas que están vigentes en ese momento, tanto si el proyecto concuerda con su misión o actividades como si no. Esto es un error que acaba pagándose de una manera u otra.

Existen miles de convocatorias de ayudas. Seguramente encontraremos unas cuantas a las que podamos presentarnos. Para ello es importante leer las bases —la letra menuda— y no pasar por alto ningún detalle. Asegurémonos bien de que podemos pedir y tenemos oportunidades para obtener ayuda. De lo contrario, perdemos el tiempo.

El motivo por el que pides —para qué— debe ser muy claro y debes poder explicarlo perfectamente. Prepárate a fondo para contestar preguntas o facilitar información que te pueden pedir. Hay que reunir un dossier completo sobre el proyecto para el que se pide ayuda, explicando de manera precisa qué se hace, por qué, quién se beneficia... (Lo veremos más adelante, en el próximo capítulo, cuando hablemos de cómo elaborar un proyecto). Aunque lo tengas por escrito, las ideas básicas deben estar en tu cabeza y has de poderlas explicar con tus propias palabras en cualquier momento, cuando sea necesario.

También debes **precisar lo que pides** —si es dinero, una cantidad concreta, o material, u otro tipo de ayuda—. En algunos casos, la petición será de una suma concreta de dinero, como en las subvenciones públicas. En otros, cuando se trata de ir a ver a un espónsor privado o donante, existe un abanico de posibilidades. Dale a elegir entre más de una opción. Puede contribuir al proyecto con dinero, con material, con recursos de su empresa, con trabajo voluntario... e incluso de más de una manera, si lo desea. Por ejemplo, un empresario puede donar a tu ONG productos en especie, y a la vez hacer un donativo anual, e implicar a sus trabajadores en un voluntariado concreto para la organización. En estos casos, no cierres posibilidades. Acepta toda colaboración que ofrezcan, a menos que sea imposible para tu ONG aceptarla.

A veces hay que ayudar un poco al otro. Si tu interlocutor no tiene mucha idea de cómo ayudarte o no se acaba de decidir, facilítale las cosas proponiéndole una forma de ayuda concreta y dándole los medios para hacerlo. Por ejemplo, si estás emprendiendo una campaña de padrinos o de socios, llévale un boleto de inscripción para que lo rellene allí mismo con sus datos, si lo desea, y anímale dándole el ejemplo de otras personas que han ayudado, y las ventajas de hacerlo de esta manera.

✎ Ejercicio 6

Haz un cuadro de los proyectos de tu organización, con tres columnas. En la primera listarás los proyectos. En la segunda, anotarás su presupuesto anual aproximado. En la tercera, anotarás posibles donantes u organismos que te pueden ayudar para cada proyecto, y las cantidades que piensas pedirles. Este cuadro te servirá como plan de financiación. Si consigues cumplir tus previsiones, ¡tendrás todos los proyectos de tu ONG financiados! Y te servirá para planear años venideros.

📊 Modelo de cuadro de financiación

Proyecto	Presupuesto de gastos	Previsión de ingresos	Entidad que ayuda o subvenciona
Ejemplo: construcción de una granja avícola en Guinea.	165 000 €	60 000 30 000 25 000 50 000 165 000 total	Fundación X Ayuntamiento de Y Aportación de la ONG Aportación en especie de la empresa Z

Cómo te preparas

Ya sabes a quién o a qué instituciones vas a pedir ayuda. Sabes que tu proyecto tiene posibilidades de ser aceptado. Has buscado el momento y la oportunidad. Sabes exactamente lo que quieres solicitar y tienes el proyecto redactado y claro en tu mente. Ahora... llega el momento de prepararse para el ataque.

Primer paso. Prepárate a ti mismo.

La primera preparación es mental. Debes prepararte a ti mismo. Para ello, es importante revisar tu actitud. Te daré cuatro consejos:

- No vayas a pedir mendigando, «con el sombrero en la mano», quejoso y dando lástima. Sé positivo, cree en tu proyecto y desprende confianza. No vas a pedir limosna, sino a vender una idea preciosa.
- Tampoco vayas en plan negativo, arremetiendo contra los males del mundo y del «sistema». Sin dejar de ser realista, piensa que no vas a denunciar problemas, sino a ofrecer soluciones. Estás ofreciendo a la otra persona la oportunidad de contribuir a mejorar un poco nuestro mundo. Háblale de logros, de metas conseguidas, de mejoras en la vida de la gente a la que tu ONG ayuda... Brinda esperanza.
- De nuevo: escucha, escucha y escucha. Si vas a entrevistarte con alguien, piensa que es una persona. Olvídate de tus prejuicios. No es el político corrupto, ni el funcionario legalista, ni el duro empresario capitalista. Es otro ser humano, ni más ni menos, con sus sentimientos, sus preocupaciones, su familia, sus aficiones, su corazoncito... Como tú. Tal vez acabéis hablando de

otros temas que no tienen nada que ver con tu gestión, si la otra persona se encuentra lo bastante a gusto. O tal vez la entrevista sea fría e incómoda, porque tanto tú como el otro sois tímidos y no sabéis cómo romper el hielo... No importa. Emplea a fondo tu consideración y delicadeza. Si estás hablando de solidaridad, qué menos que comportarte con gentileza con tu interlocutor, ¡sea quien sea!
- Sé profesional. Seguramente irás a entrevistarte con personas profesionales, o tendrás que tratar con instituciones altamente organizadas y muy jerarquizadas. No debes sentirte menos ni más que ellos, pero sí hay que procurar estar a su nivel en cuanto a seriedad. ¿Qué significa ser profesional? Más abajo lo explico en cuatro pinceladas.

Segundo paso. Prepara tu gestión.

Haz los deberes. Estos son:

- Prepara tu proyecto y toda la documentación y material necesario para solicitar la ayuda, siempre siguiendo las bases, instrucciones e indicaciones que te den.
- Si vas a entrevistarte con alguien, llama previamente, concierta la entrevista y, un día o dos antes, confírmala. Puede haber cambios de planes y podrías hacer un viaje en balde. No des por supuesto que te avisarán. Todo el mundo tiene mucho trabajo y las instituciones, por desgracia, no siempre avisan...
- Antes de presentar tu petición, revisa todo cuanto necesitas llevar. Haz una copia de todo el material que entregas y guárdala en tu archivo, para dejar constancia de tu gestión.

Tercer paso. Lleva a la práctica todo lo propuesto.

Haz la gestión. Culmina todo el proceso. Cumple los plazos y responde con prontitud a los requerimientos. Anota todos los pasos que das en tu archivo y en tu agenda.

¿Qué es ser profesional?

La profesionalidad es uno de los muchos mitos de nuestro mundo moderno. Palabra talismán como calidad, solidaridad, estrategia, sinergia... y otras tantas, a menudo perdemos el sentido de lo que verdaderamente significan. Quizás tenemos una idea un tanto difusa de lo que es ser profesional. Una vez escuché una definición tan sencilla y contundente, que jamás la he olvidado. Creo que es la mejor definición de *profesional* que he oído, y es ésta:

Un profesional es la persona que hace lo que tiene que hacer, y lo hace de la mejor manera posible, aunque no tenga ganas de hacerlo.

Una persona que hace lo que tiene que hacer. Es decir, que cumple con su deber. Tiene en cuenta primero la obligación que la devoción. Cumple sus compromisos, ya sean un pacto laboral o un compromiso voluntario, libremente escogido. Creo que es importante detenerse aquí. Parece que la obligación es una privación de libertad, cuando no es así. La obligación es una consecuencia de nuestros actos y compromisos adquiridos con plena responsabilidad. Si tu jefe te está pagando un salario por hacer un trabajo, lo justo es que tú realices tu faena con la máxima eficiencia, para cumplir con tu parte del trato. No ser profesional en nuestro trabajo es, en realidad, una estafa. Si el compromiso es voluntario, razón de más para ser profesional. Precisamente porque es algo que hemos asumido libremente, hemos de ser más profesionales y serios que nunca, y no porque alguien nos obligue, sino porque es fruto de nuestra elección. De nuestra libertad se desprende la responsabilidad y el afán de hacer las cosas mejor.

Lo hace de la mejor manera posible. Un profesional no se contenta con el aprobado, sino que busca la excelencia. No basta cumplir. El profesional pone amor, cuidado, detalles, primor, en su trabajo. Y no lo hace para ser más valorado o admirado. Lo hace por pura voluntad de hacer las cosas bien. Evidentemente, se nota.

... aunque no tenga ganas de hacerlo. Esta precisión añade un valor extraordinario a todo lo dicho antes. Porque a menudo las personas nos sentimos motivadas o no según el día, nuestro humor, nuestro talante o las hormonas que nos afecten. Nos mueven los sentimientos, volubles como el viento, y somos inconstantes y variables en nuestro quehacer. La persona profesional no es insensible a los cambios y también sufre momentos bajos de falta de motivación, cansancio o pesimismo. Pero —y esto es lo que marca la diferencia entre un profesional y alguien que no lo es— todo **eso no afecta a su trabajo**. Sabe que tiene una responsabilidad y que no puede fallar, aunque tenga un mal día. Y se esfuerza, más aún si cabe, por hacer bien su tarea. Trabajar con excelencia pasando por alto los cambios de humor es una bella muestra de madurez humana, de elegancia, de altura ética y de solidaridad.

Después de esta reflexión, la conclusión es clara: los voluntarios y los colaboradores —remunerados o no— de las organizaciones solidarias tenemos un claro imperativo ético de ser profesionales. No estamos trabajando en cualquier empleo; estamos ayudando a personas que lo necesitan. Nuestra labor tiene tanta trascendencia que, seamos o no profesionales titulados, debemos actuar con la máxima dedicación y profesionalidad.

Que tu autoestima no decaiga

Muchas personas piensan que no sirven para captar fondos, porque son demasiado tímidas, se consideran poco cultivadas o se ven incapaces de hablar ante otras personas y «vender» su idea. Mi experiencia es ésta: si estás convencido y entusiasmado con tu proyecto, nada podrá detenerte. Superarás la timidez. Vencerás el miedo y compensarás tu poca habilidad con otros factores. No hay nada más convincente y atractivo que la autenticidad, el entusiasmo y la fe en lo que uno hace. Cuando afrontes una entrevista o una gestión, prepárate para el éxito, pero no te hundas si fracasas o no logras lo esperado.

Cuando alguien te da un no, no te está rechazando a ti como persona. Simplemente no puede ayudarte, o no comparte tus intereses, lo cual es perfectamente respetable, o su empresa o institución no contempla la posibilidad de colaborar en ese momento. Debes respetar la voluntad del otro como debes respetarte a ti mismo. Ante tu interlocutor, jamás te sientas inferior a él. Posiblemente es una persona que, en su empresa o departamento, ocupa un cargo similar al tuyo en tu organización, así que sois dos profesionales igualados. Pero tampoco te sientas superior, pues lo percibirá en seguida y se pondrá a la defensiva. El hecho de trabajar para una ONG y ser solidario no te hace estar por encima del bien y del mal. Sin orgullo y sin complejos, sé tú mismo y cree en lo que haces. No hay mejor receta para salir a captar fondos.

❧ Ejercicio 7.

Ensaya tus visitas con role-play. Busca un compañero o familiar que haga el papel de donante y simulad una entrevista. Tomaos el papel en serio. Además de divertido, será interesante para conocer mejor tus puntos fuertes y tus aspectos a mejorar. No hay mejor espejo que otra persona para señalar dónde eres bueno y donde debes esforzarte más.

Tema 4. Tus "armas" o recursos.

Esta lección es de vital importancia. Estamos en el meollo del curso. Vamos a repasar, uno por uno, los diferentes elementos que deberás preparar a la hora de pedir ayudas y subvenciones. Esto te será especialmente útil a la hora de hacer proyectos y preparar solicitudes a las administraciones, obras sociales de entidades bancarias y fundaciones privadas varias.

Tus armas o recursos son:

- El mensaje.
- El proyecto.
- Los documentos.
- Tu presencia.
- Tus conocimientos.
- Enfocar bien la petición.

El mensaje

Ante todo, siempre hay que tener presente nuestra misión y el mensaje que queremos transmitir. La misión es nuestra principal meta, lo que ha originado el nacimiento de nuestra organización. Una frase debería servirnos para expresarla, con palabras sencillas y claras. Este mensaje incluye qué queremos hacer, a quién vamos a beneficiar y cómo queremos hacerlo.

Por ejemplo: nuestra ONG pretende mejorar la calidad de vida de los niños del barrio X mediante la educación en valores y las actividades deportivas y culturales.

Otro ejemplo: nuestra ONG pretende impulsar proyectos de desarrollo agrícola en tal país del África, para que sus campesinos puedan ser autónomos y autoabastecer a sus poblados.

Otro: nuestra fundación tiene como objetivo dar apoyo a las familias de personas afectadas por tal enfermedad.

La misión o razón de ser de nuestra entidad nunca debe de perderse de vista, e incluso es conveniente incluirla en nuestros proyectos. Debe tener estas características:

- Ser ambiciosa y motivadora.
- Ser realista y posible de alcanzar.
- Ser concreta, no andarse por las ramas con utopías imposibles.
- Ser éticamente correcta. Es decir, que no atente contra la dignidad de persona o grupo humano alguno.

Peter Drucker, padre del management moderno, dice que la misión debería caber en una camiseta.

◈ Ejercicio 8

Intenta definir en una frase clara y bonita la misión de tu organización. Si te sientes un poco artista, haz un primer esbozo de camiseta con la frase. ¡Tal vez guste tanto que en pocos meses estéis vendiendo camisetas con tu idea!

El proyecto

Para elaborar un buen proyecto hay que responder a las cinco famosas preguntas de los periodistas: ¿qué?, ¿quién?, ¿cuándo?, ¿dónde?, ¿cómo?, ¿por qué? Es decir, un proyecto debe explicar, de forma clara y precisa qué se va a hacer, a quién va a beneficiar, quién lo hará, cuándo, dónde y con qué recursos y metodologías. Por supuesto, hay que explicar por qué se hace y qué se pretende conseguir. Todo buen proyecto debe contener estos puntos.

Este es un buen esquema de proyecto o memoria para presentar una solicitud de ayuda. ¡Toma nota!

✾ El regalo de hoy: modelo de proyecto

TÍTULO DEL PROYECTO

1. Datos de la entidad.

Aquí deberás exponer brevemente todos los datos de interés de tu organización.

Datos de la entidad

Nombre, dirección, teléfono, fax, e-mail, web

Número de CIF, fecha de constitución, número de registro.

Fines que persigue según sus estatutos

Otros datos de interés -miembros del patronato si es una Fundación, etc.

Datos de la persona responsable de la entidad

Persona responsable de la entidad, nombre y apellidos.

Teléfono, fax, e-mail.

Datos de la persona que coordina el proyecto

Persona responsable del proyecto concreto, nombre y apellidos.

Teléfono, fax, e-mail.

Entidades con las que se colabora

Entidades que ayudan y participan en la realización del proyecto.

Otros apoyos

Entidades que ayudan económicamente o con otros apoyos aunque no participen directamente -dan subvenciones, patrocinan, etc.

2. Ficha técnica del proyecto.

Es un resumen breve, en una sola hoja, de todo el proyecto que luego detallarás.

Título

Título -breve, expresivo y original. Que defina la esencia del proyecto o su finalidad.

Breve descripción

Explicar en cinco o seis líneas como máximo en qué consiste el proyecto. Qué se va a hacer. Quiénes serán los beneficiarios.

3. Descripción del proyecto

Contexto y justificación

Qué situación o problema se ha detectado, cómo se ha detectado y qué estudios se han realizado y por qué es necesario o importante realizar este proyecto. ¿A qué necesidad o carencia social responde?

Objetivos

Qué se propone el proyecto. Un objetivo principal más general y tres o cuatro más concretos: medibles, cuantificables, comprobables.

Resultados esperados

Para cada objetivo propuesto, precisar qué resultado se espera, indicando números y detalles concretos.

Ejemplo:

Objetivo: ayudar a 50 niños con refuerzo escolar.

Resultado esperado: que los 50 niños aprueben al menos un 75 % de sus asignaturas escolares. *Como se ve, son objetivos y resultados fácilmente mesurables y se podrá valorar si se han cumplido o no con claridad.*

Beneficiarios

Quiénes se van a beneficiar del proyecto o actividades: número de personas, perfil, características. Si es el caso, cómo se van a seleccionar los beneficiarios. Con qué criterios.

Localización: dónde

Lugar exacto donde tendrán lugar las actividades. Dirección, población, zona. Si se da el caso, adjuntar un mapa.

Metodología de trabajo: cómo

Cómo se realizarán las acciones -con qué método. Es decir, el paso a paso del proyecto y las técnicas empleadas.

Actividades: qué

Exactamente, qué actividades se harán, precisando:

Actividad	Número de beneficiarios	Fecha de inicio prevista	Fecha de fin prevista	Otros detalles - duración, o coste, u otros de interés.

Calendario: cuándo

Precisar cuándo se realizarán las diversas acciones, fecha de inicio y fin. Si son varias, seguir una parrilla como la del punto anterior e indicar fechas de inicio y fin de cada actividad.

Recursos necesarios

- ***Humanos*** -personal para realizarlo, tanto profesional como voluntario. Precisar número, cualificación y funciones. Si lo solicitan, adjuntar en un anexo currículum vitae de los profesionales.
- ***Materiales*** -locales, equipamiento, material, maquinarias, etc.
- ***Técnicos*** -se trata de recursos como: formación, conocimientos, asesoramiento, metodología, estrategias, apoyo de otras instituciones, etc.

Presupuesto

Gastos

Costes detallados de las actividades, precisando:

- Gastos de personal -salarios, seguridad social, otras remuneraciones
- Gastos de funcionamiento -locales, suministros, agua, teléfono, luz
- Compras de material fungible
- Equipamientos -maquinaria, muebles, vehículos, etc. -que engrosarán el patrimonio de la entidad.
- Servicios de profesionales externos
- Desplazamientos y dietas -viajes, gasolina, tiquets de transportes, alquiler de vehículos, etc.

- Pólizas de seguros
- Impuestos o tasas
- Imprevistos -se puede llegar a un 3 % del total

Ingresos

Detallar qué dinero esperamos recibir:

- De subvenciones públicas
- De subvenciones privadas
- De recursos propios -ventas, rifas, loterías, donaciones de socios colaboradores, etc.
- Otras fuentes de ingresos

Aquí debe incluirse la cantidad que se solicita como subvención. Es importante que haya otras fuentes de financiación complementarias y alternativas y que los recursos propios sean como mínimo de un 10 a un 15 %, aunque lo ideal es que sean más.

Seguimiento y evaluación

Cómo se van a controlar, corregir y evaluar las actividades. Con qué métodos. Cómo se van a medir los resultados.

Un ejemplo de puntos a evaluar:

- ¿Se han cumplido los objetivos?
- ¿Ha funcionado el equipo humano?
- ¿Qué efectos positivos se han dado en los beneficiarios? Convendría, según el proyecto, contar con encuestas, valoraciones u opiniones recogidas de éstos.
- ¿Qué problemas ha habido y cómo se han resuelto?
- ¿Qué impacto ha habido en el entorno social?

Viabilidad

La viabilidad expresa la facultad de un proyecto de ser realizable. Es decir, si se puede llevar a la práctica. Se pueden tocar varios indicadores de viabilidad:

- **Técnica**. Responde a la pregunta ¿Se puede hacer? ¿Tenemos los recursos, formación, personal y conocimientos para realizarlo?
- **Social**: ¿Responde a una necesidad o demanda real? ¿Será útil o provechoso para un grupo significativo de personas?
- **Organizativa**: ¿Tenemos la organización, metodología y logística para realizarlo adecuadamente? Por ejemplo, si no hay un liderazgo y un grupo responsable donde las tareas estén bien definidas, es imposible llevar a buen fin un proyecto. Si no hay una planificación con objetivos, tampoco. Si no hay un horario de trabajo, no podrá ser, etc.
- **Económica**: ¿se podrá disponer de fondos para financiar el proyecto? ¿Será rentable, o por lo menos, sostenible en el tiempo?

Observaciones

Detalles, observaciones o aspectos interesantes a destacar que no hayan aparecido en los apartados anteriores.

Anexos

Anexar documentación interesante: desde fotos, planos, mapas, memorias, recortes de prensa, presupuestos detallados de comercios, cartas de apoyo, datos interesantes, etc.

Cuida la presentación

En la redacción y presentación de un proyecto hay dos puntos clave:

- La forma.
- El fondo o contenido.

La forma, es decir, lo que se ve, debe ser estéticamente agradable y simple. Un proyecto debe ser fácil de leer – piensa que las personas que evalúan las peticiones tendrán que leer cientos de páginas. Cuida que la tipografía sea clara, ni excesivamente pequeña ni demasiado grande. No emplees profusión de colores. Las imágenes justas. No intentes llamar la atención con filigranas de diseño. La sobriedad se agradece siempre. Esto no quiere decir que no busques dar a tus proyectos un toque de estética y de creatividad. Pero sin pasarse. Siempre es mejor pecar por seriedad o austeridad que por exceso de adornos. Lo más importante es la pulcritud. Si la memoria del proyecto es voluminosa, encuadérnala cuidadosamente. Haz que su lectura y manejo sea el más fácil y agradable posible.

Qué evitar:

- Las manchas y borrones.
- El desorden en los documentos y papeles.
- El abigarramiento de rótulos, colores e imágenes.
- Las tipografías excesivamente artísticas y difíciles de leer.

Qué procurar:

- Poner todos los papeles siguiendo el mismo orden que se detalla en la diligencia.

- Encuadernar las memorias y anexos sin son muy gruesos, o graparlos.
- Utilizar papel blanco de mínima calidad (A4 de 80 g, mejor no reciclado o de colores); si hay que hacer fotocopias pueden salir oscuras o de mala calidad.
- Si lo envías por correos, pon la dirección completa en el sobre, indicando a ser posible la persona o departamento concreto al que va dirigido, con letra legible de imprenta.

El fondo es el contenido. Además de la misión y objetivos del proyecto, que seguramente serán excelentes, hay que saber explicarlo correctamente. Aquí entra en juego el lenguaje.

Qué evitar:

- Las faltas de ortografía, ¡para eso existen los autocorrectores!
- Los tecnicismos excesivos.
- Las frases hechas o coloquiales.
- Las repeticiones.
- Los circunloquios; es decir, dar vueltas a un tema sin acabar de concretar.
- Las florituras literarias. Esto es un proyecto, no una novela o una redacción lírica.
- La prolijidad: cuanto más conciso y breve, mejor. Lo que puedas decir en una frase no lo digas en dos.
- Los juicios de valor o las opiniones personales.
- El sentimentalismo o un tono muy personal.

Qué procurar:

- Un estilo directo y claro.
- Explicar concretando los objetivos del proyecto.

- Un tono neutral y asertivo.
- Preferir las expresiones positivas —potenciar, fomentar, favorecer...— a las negativas —combatir, luchar, erradicar, denunciar... Por supuesto, siempre que esto sea posible.
- Las tres famosas "C": Corto, Claro, Completo.

Personaliza

Un buen vendedor sabe que no hay dos clientes iguales, y que no puede vender un mismo producto de la misma manera a un cliente que a otro. Con la captación de fondos sucede lo mismo. Aunque pidamos ayuda para una misma causa, a menudo tendremos que cambiar la presentación de nuestros proyectos.

Como veréis, cada petición debe ser un poco personalizada, a medida. No siempre podremos utilizar un mismo modelo de proyecto para todas las peticiones. Hay que ser un poco artesano y adaptar el producto a cada cliente en particular. Un mismo proyecto, presentado a dos instituciones diferentes, deberá recibir tal vez enfoques ligeramente distintos. En un caso deberemos resaltar más unos aspectos y en el otro tal vez tendremos que añadir mucha documentación complementaria que no nos pedirán en el primer caso. Es importante ser flexibles y, sobre una base común, saber hacer variaciones. Esto es básico para lograr el éxito. No es lo mismo pedir ayuda a un departamento del estado que a un particular que desea apadrinar a un niño. Incluso el lenguaje puede variar en algunas ocasiones.

✍ Ejercicio 9

El mejor ejercicio en este caso es hacer tu proyecto. Si no lo has hecho antes, sigue paso a paso los puntos del esquema anterior.

Los documentos

Ten siempre presente que, junto con el proyecto, las instituciones suelen pedir otros documentos. Estos siempre vienen detallados en las bases de la convocatoria. Lee bien la letra pequeña y no te saltes ningún punto. Estos documentos suelen ser:

- **Un formulario** o hoja de solicitud que la institución facilita impresa en sus oficinas o que puedes descargarte por Internet. Proyecto aparte, este formulario suele ser imprescindible. Procura rellenarlo con pulcritud y exactitud. Si lo haces a mano, emplea letra de imprenta lo más clara posible —por ejemplo, versales o mayúsculas. Por supuesto, los borrones y correcciones manuales son una ofensa a la vista; de hecho, a veces no se admiten. De todos modos, hoy la mayoría de solicitudes se tramitan on line, de manera que aquí lo que tienes que vigilar es en ir despacio, para evitar errores antes de «guardar y enviar» el documento. Repásalo bien antes de cerrar la versión definitiva.

- **Documentos oficiales** de la entidad. Aquí es donde la secretaría tiene que funcionar. Debéis guardar en un archivo con gran cuidado estos documentos originales, pues casi siempre os pedirán copias de los mismos:

1. Carta fundacional
2. Estatutos
3. CIF
4. Registro
5. Declaración de Utilidad Pública
6. Relación de miembros del Patronato o Junta Directiva, certificada por la administración correspondiente
7. Poderes notariales a nombre de la persona representante legal de la entidad
8. Balance y cuenta de explotación del último ejercicio

Otros documentos que pueden solicitarte, aunque no siempre, son:

1. Alta en el IAE o en el Impuesto de Sociedades –si procede en el caso de tu entidad
2. Pólizas de seguros contratados para cubrir riesgos y accidentes de voluntarios y beneficiarios
3. Si tenéis trabajadores contratados, alta en la Seguridad Social –número de patronal.
4. Certificado de estar al corriente de pago con la Seguridad Social
5. Certificado de estar al corriente de pago con Hacienda

Estos dos últimos se solicitan en las correspondientes delegaciones de Seguridad Social y de la Agencia Tributaria de vuestra población o provincia. Suelen entregarlos inmediatamente o a los pocos días de su solicitud y siempre debe solicitarlos el representante legal de la entidad o una persona apoderada por él/ella, que llevará una copia de su DNI y de los estatutos de la entidad. Hoy día la mayor parte de estos documentos los puede solicitar un gestor on line y el trámite es muy ágil.

- **Documentos específicos sobre el proyecto**: la memoria o descripción del proyecto y sus anexos. Aunque el esquema arriba expuesto es muy completo, hay que tener en cuenta que cada institución tiene sus criterios y preferencias. Si en las bases se precisa un determinado esquema o seguir un formulario detallado para describir el proyecto, hay que seguirlo tal como se nos indica.

Los documentos oficiales que nos piden serán, casi siempre, fotocopias. A veces pedirán copias compulsadas, es decir, con un sello público que acredite que se corresponden fielmente con el original. Puede compulsar un notario o un funcionario de la administración pública. En principio, un funcionario público que esté autorizado a compulsar no tiene por qué cobrar nada por este servicio, aunque algunas administraciones han fijado una tasa a pagar.

- **La carta de presentación**. A la hora de presentar un proyecto será bueno acompañarlo de una carta de presentación de la entidad, explicando por qué pedimos ayuda, y resumiendo brevemente el proyecto presentado y su finalidad, así como precisando la ayuda que solicitamos.

- **La diligencia**. Con la carta de presentación, o incluida en ella, es muy conveniente presentar una diligencia, es decir, un listado de todos los documentos que se presentan. De esta manera, la persona que deba tramitar nuestra solicitud tendrá mayor facilidad para trabajar con nuestros documentos, y nosotros también podremos repasar bien cuanto entregamos, asegurándonos que no falta nada. En muchos casos esta diligencia ya viene con el formulario y se realiza de forma telemática.

Entrega la solicitud a tiempo

Es signo de profesionalidad entregar toda la documentación requerida en el momento, correctamente presentada, pulcra, bien ordenada y, a ser posible, unos días o mejor, unas semanas antes de vencer el plazo límite.

Haz una copia de todo

Siempre deberéis hacer una copia de todo cuanto presentáis para guardar en vuestro archivo. Esta copia os la sellarán en el registro de la administración correspondiente. Si enviáis la solicitud por correo postal, os sellarán la copia en la oficina de correos, siempre que el original vaya certificado y dirigido a un organismo público. También podéis enviar la documentación con acuse de recibo, para confirmar su recepción.

Esto es válido en el caso de tramitar la ayuda en versión papel. Hoy la mayoría se realizan de **modo telemático** y las copias que se conservan son digitales.

Tu presencia

La entrevista personal, clave

Yo recomendaría a toda persona que vaya a captar fondos que vaya a visitar personalmente, de tú a tú, a su futuro donante. Aunque éste sea una empresa muy grande o un organismo público, detrás de las entidades siempre hay seres humanos. Siempre habrá una persona concreta que nos pueda recibir, aunque sea un delegado o representante de los altos mandos.

En una entrevista personal, la institución donante puede conocer directamente a la ONG, a través e uno de sus miembros. **Tu presencia física representa a la institución**. Por ti sabrán que ésta es real, que existen unas personas de carne y hueso trabajando en ella y unos proyectos palpables. También conocerán muchas cosas de la ONG a través de ti. Les vas a dar una cierta imagen de la organización. Tenlo siempre en cuenta. Piensa qué imagen quieres transmitir de tu ONG. Esa será la imagen que deberás reflejar en tu persona.

A la hora de esta entrevista, simplemente te daré estos consejos:

- Sé absolutamente **cortés** y delicado, sin caer en extremos: ni servilismos o formas empalagosas, ni vulgaridad. Los tacos o expresiones ordinarias están fuera de lugar. A menos que te indiquen lo contrario, y siempre prudentemente, trata a la otra persona de usted, por muy joven que sea.
- Sé **natural,** como tú eres. No intentes hacerte el simpático ni el serio. Cada cual es diferente. El otro tampoco es un ideal y tal vez también tiene su timidez o reparos. Puede ser que esté poco acostumbrado a recibir visitas. Sé auténtico y transparente.
- **Preséntate** inmediatamente, da tu nombre y apellidos y el de tu organización, y explica brevemente para qué vienes, sin alargarte excesivamente pero sin ser parco en demasía.
- Antes de hacer nada: **observa** qué hace el otro y déjate conducir. Si te lleva a un despacho, si te hace sentar... No tomes la iniciativa, estás en su territorio.
- Antes de decir nada: **escucha** a la otra persona. A menos que calle o te invite a hablar, debes escuchar atenta y

amablemente y aprender de lo que oyes. De lo que dice el otro podrás extraer rápidamente mucha información y percibirás su predisposición, sus intereses, su actitud, por el tono de voz, sus gestos y sus palabras. Puede darse el caso que la otra persona esté muy callada y te haga preguntas. Entonces, responde y explica tu historia. Pero también puede darse el caso que tu interlocutor sea parlanchín y se alargue explicándote, él o ella, su historia. Escúchalo con sincero interés y mostrando tu atención. Muchas gestiones se culminan satisfactoriamente porque hemos sabido escuchar. Ser escuchado es una necesidad muy importante y, por desgracia, en el mundo mucha gente sufre por falta de escucha, incluso un empresario o funcionario importante.

- Aunque tu interlocutor sea la persona más diferente a ti que hayas conocido o pertenezca a un ámbito con el que no estás familiarizado, **intenta simpatizar** con esa persona, comprender sus razones, ponerte un poco en sus zapatos. Visualiza su historia. Él o ella notará inmediatamente tu atención. Se sentirá bien y mejor predispuesto hacia ti y tu ONG.
- Cuando llegue el momento de explicar por qué vienes y qué pides, **sé lo más claro posible**, sin ser maleducado. Ve al grano, no hagas perder el tiempo a la otra persona. Nada hay más convincente que la sinceridad. Y ponle entusiasmo. Si tú no crees en aquello por lo que pides, el otro tampoco lo hará.
- **Mientras hablas, mírale** a los ojos, pero no de forma fija y continua —resulta agresivo—. Estudia sus reacciones y la expresión de su rostro para saber cómo recibe tu mensaje.
- Finalmente, **cierra la entrevista** con la petición formal de ayuda y espera su respuesta.

- Sea cual sea el resultado final, **da las gracias** con gentileza y espera a que el otro se levante y te acompañe para salir.

Estar en función de la otra persona, atendiendo sus reacciones, intereses y sentimientos, facilitará enormemente tu gestión de captación de fondos. No olvides que el impacto más potente se produce a raíz del trato personal. Nada puede substituir una entrevista cara a cara. Por esto, aunque se nos haga difícil, debemos intentar hacerlo con todos nuestros patrocinadores y donantes.

¿Quieres aprender algo sobre comunicación no verbal? Lenguajes de gestos, poses del cuerpo, etc., etc. Lee Flora Davis, *La Comunicación No Verbal*, o busca información útil por Internet, te puede ayudar.

Qué evitar

- Los nervios. Ya sé que es muy difícil. Algunas personas se relajan respirando, meditando o dando un paseo. Otras siempre consiguen estar tranquilas. No hay mejor remedio que la práctica continuada, pero alguna vez debe ser la primera. Si se te nota nervioso, no sufras. Tu interlocutor comprenderá perfectamente que lo estés, si es la primera vez que te entrevistas con él. No lo veas como a un enemigo temible. Intenta reírte un poco de ti mismo y piensa que estar nervioso no es tan grave, ¡es natural!
- Llegar tarde o con el tiempo muy justo. Un buen antídoto contra los nervios es presentarse puntualmente, a ser posible entre 15 y 10 minutos antes, para poder sentarte, observar a tu alrededor y prepararte mentalmente y con calma para la entrevista.

- No mirar a tu interlocutor a la cara. Puede parecer timidez, pero también se puede llevar la impresión de que ocultas algo o no eres sincero. Haz el esfuerzo de mirarlo, aunque brevemente.
- El trato de tú de buenas a primeras, a menos que el otro te lo pida.
- Hacerse el simpático o el gracioso, contar chistes, hablar demasiado... Por supuesto, flirtear está absolutamente fuera de lugar.
- Emplear un lenguaje farragoso o técnico.
- Emplear lenguaje vulgar o soez.
- Levantarse o sentarse antes de que te lo indiquen.
- Tocarse el pelo, la ropa, la cara, juguetear con tu cartera, con los muebles... controla tus nervios y respira hondo.
- Levantar la voz y discutir con la otra persona.
- En cuanto a tu aspecto físico, piensa que debes presentarte como si fueras a buscar un trabajo: limpieza, discreción en el vestido, peinado y maquillaje. Sencillez y elegancia son la clave.
- Evita los perfumes intensos, la ropa provocativa o transgresora y, por descontado, el desaliño o el mal olor.
- No fumes. Si te ofrecen tabaco, aunque seas fumador, es preferible que lo declines amablemente.
- Una buena norma para saber estar es ésta: «ni encogido, ni estirado».

Qué procurar

- Puntualidad: más vale llegar 10 minutos antes que 5 después.
- La máxima cortesía y deferencia por el otro.
- Sonreír discretamente cuando la ocasión lo permita.
- Escuchar con atención, mirando y dirigiendo el rostro y el cuerpo hacia el interlocutor.

- Hablar con voz clara y mesurada, perfectamente audible pero sin chillar.
- Mantener una pose relajada y a la vez despierta, sin derrumbarse en el asiento ni recostarse perezosamente.
- Explicar claramente el motivo de nuestra visita y lo que esperamos de ella.
- Responder inmediatamente a los gestos y preguntas del interlocutor.
- Esperar que nuestro interlocutor se levante o nos indique el momento de marchar.
- Dar la mano con firmeza y suavidad, mirando a los ojos.
- Agradecer el tiempo que nos han dedicado.

Tus conocimientos

No es necesario ser un experto en captación de fondos ni haber hecho un máster en gestión de ONG, ni tener una licenciatura... pero sí es conveniente prepararse para este trabajo y formarse.

La formación continua es una necesidad, en cualquier profesión y en cualquier aspecto de la vida. El de captador de fondos —llamado también por su nombre inglés, *fundraiser*— es un oficio que debe perfeccionarse progresivamente. Tus conocimientos pueden ayudarte mucho y la formación te facilitará tu tarea. Es muy recomendable que cada año emprendas al menos **una acción formativa**: apuntarte a un curso o a un seminario, asistir a una serie de conferencias. Los beneficios de esto son múltiples:

- por un lado, mejorarás tu preparación,
- el curso te motivará enormemente a realizar tu trabajo con entusiasmo y excelencia,

- conocerás otras personas que están en situación similar a la tuya y podréis compartir experiencias,
- podrás aprender de la experiencia de otras ONG,
- harás contactos interesantes y podrás enterarte de la existencia de subvenciones y ayudas que tal vez ignorabas.

Nunca subestimes el valor de la formación. Aunque el curso cueste dinero y te parezca caro, formarse es una inversión que siempre da sus frutos, no lo dudes. Toda organización debe entender y fomentar que sus colaboradores se formen. De lo contrario, su continuidad puede quedar comprometida.

Dónde encontrar información

Te recomiendo que busques cursos formativos en:

- Tu ayuntamiento o gobierno autonómico seguramente ofrece alguna acción formativa para las ONG. Infórmate en el departamento o delegación correspondiente.
- Instituciones que se dedican a impartir cursos especializados para el tercer sector, como la **Asociación Española de Fundraising**, **Solucionesong.org** o las diversas federaciones de ONG y de fundaciones que existen.
- Puedes encontrar otros cursos fuera del ámbito de las ONG, por ejemplo, en el ámbito empresarial. Muchos cursos de marketing, ventas, liderazgo, management, asertividad, trabajo en equipo, habilidades personales, etc., te serán de utilidad e interés para tu trabajo.
- Un sitio de Internet que ofrece múltiples cursos gratuitos, incluyendo del campo empresarial y de marketing, es www.aulafacil.com. Otra página interesantísima es www.coursera.org.

- Para ilustrarte con ideas creativas y prácticas sobre publicidad y marketing, desde un punto de vista mucho más empresarial, visita www.marketing-eficaz.com.
- Otro ámbito donde el tercer sector se abre camino es el mundo universitario. La UNED (Universidad Nacional de Educación a Distancia) junto con la Fundación Luis Vives ofrece un completo **máster de gestión de ONG**. www.fundacionluisvives.org.

Otros cursos recomendados

- Todos aquellos relacionados con la captación de fondos.
- Todos aquellos relacionados con la gestión de ONG, así comprenderás mejor tu organización y, si perteneces a su grupo directivo, podrás planificar y gestionar mucho mejor.
- Todos aquellos relacionados con el marketing y las ventas.
- Cursos de habilidades personales como: hablar en público, asertividad, autoestima, trabajo en equipo, inteligencia emocional, liderazgo, etc.

Enfocar bien tu petición

Como punto final, vamos a revisar todos nuestros recursos y vamos a dirigir nuestros esfuerzos para que den en el blanco.

1. Tenemos una **misión** que vale la pena y por la cual luchar y buscar recursos.
2. Tenemos un **buen proyecto** bien redactado y con la documentación necesaria.
3. **Nos hemos preparado** mentalmente y técnicamente. Lo tenemos todo a punto.

Ahora sólo nos falta ser certeros. Para ello hemos de asegurarnos de tres cosas:

1. Que la institución o persona a la que nos dirigimos ayuda a ONG como la nuestra. Es decir, que **somos una organización «elegible»** o susceptible de ser ayudada.

Cuidad bien si la institución donante rechaza ayudar a ONG pequeñas, o de ámbito reducido, o de cariz político o religioso, o si sólo ayuda a fundaciones o entidades de utilidad pública, por ejemplo. Aseguraos que vuestra entidad reúne las condiciones para poder ser ayudada.

2. Que **nuestro proyecto también entra** dentro del tipo de proyectos a los que se da apoyo en esa convocatoria concreta, o dentro del campo de interés del donante, si éste es un particular.

Leed y releed bien las bases. No queráis introducir un proyecto con calzador. Si el tipo de proyecto para el que pedís no entra dentro de la convocatoria, no tendréis posibilidades.

3. Que **la finalidad** de nuestra acción coincide con los intereses o finalidades de la convocatoria de ayudas a la que nos dirigimos. Que nuestro futuro donante, si es una empresa o un particular, comparte al menos alguno de nuestros valores y centros de interés.

Esta convergencia de intereses es clave. A la hora de redactar tu proyecto, ten en cuenta las frases que se utilizan en la convocatoria. Recoge sus ideas claves e inclúyelas en el proyecto, para dejar bien claro que la finalidad de éste coincide con la de la convocatoria.

Tema 5. La petición, paso a paso

Llegó el momento clave, que es aquel en el cual, habiendo preparado todo, te enfrentas a la petición formal de ayuda. Vamos a estudiar, paso a paso, cómo llegar al éxito.

Como he comentado, no es lo mismo pedir a un organismo público que ir a entrevistarse con un particular. Vamos a ver cada caso y las situaciones más comunes que se dan.

La petición a una institución pública

Lo más corriente es que las administraciones publiquen sus convocatorias de ayuda y las saquen a libre concurso. Es decir, que van a valorar cada petición según unos criterios, la calificarán con una puntuación, como si de un examen se tratara, y ayudarán a las organizaciones que obtengan mayor puntuación. Esto es así, al menos en teoría. Por tanto, se trata de alcanzar el máximo de puntos posible. ¿Cómo hacerlo?

- **Entérate** de la convocatoria y su plazo límite. Un consejo: entrega tu petición, si puedes, al menos una semana antes de vencer el plazo. La puntualidad es un primer punto que, aunque no se valore matemáticamente, causa una buena impresión. Además, los técnicos que deberán estudiar las peticiones podrán avanzar faena y estarán más tranquilos leyendo tu proyecto antes de que venza el plazo. Podrán dedicarle más tiempo y mirarlo con más atención. La puntualidad siempre se agradece.

- **Lee cuidadosamente las bases**. (Lo he dicho muchas veces, pero nunca será demasiado) En ellas encontrarás qué aspectos se valoran más y, en algunos casos, te precisarán cómo van a valorar cada aspecto y cómo van a puntuar el proyecto. Las bases te dan todas las claves del éxito.
- **Prepara el proyecto**, siguiendo las instrucciones.
- **Prepara todo el resto de documentación**. Haz copia de todo.
- **Preséntala** en el registro correspondiente. Si no puedes ir en persona, envíala siempre por correo certificado y, si quieres asegurarte aún más, con acuse de recibo. Si lo haces por medios telemáticos, asegúrate de que el proceso se ha completado correctamente (suelen enviar un e-mail de confirmación).
- **Asegúrate** que la petición ha sido recibida. Algunas instituciones envían un acuse de recibo o una carta. Otras no lo hacen. Puedes hacer una llamada de seguimiento si no sabes nada al cabo de un mes después de cerrarse la convocatoria.

Ten en cuenta que en el caso de las subvenciones públicas, se da una auténtica competencia entre las ONG por obtener ayudas. Las administraciones suelen aplicar sus criterios de forma rigurosa, así que aquí no hay más que conseguir muchos puntos. Nunca esperes que los «enchufes» o los contactos personales funcionen. Puede ocurrir en algunos casos —y, de hecho, ocurre— pero nunca es seguro. Confía más en tu profesionalidad y buen hacer que en los contactos políticos, que pueden ser volubles o chocar con la rigurosidad de los técnicos que evalúan los proyectos.

Un consejo: intenta conocer a los técnicos que van a evaluar el proyecto o a los que se ocupan de la gestión de subvenciones. En el futuro, tendrás que tratar con ellos más de una vez. En algunos casos, el gobierno te asigna un «promotor», o persona que se ocupa de la gestión de tu subvención, junto con las de otras ONG. Debes establecer un trato serio, profesional y de cooperación con esta persona. Averigua su teléfono directo, su e-mail, y mantén un contacto regular con ella. Es tu enlace y puede facilitarte mucho las cosas. Si te es posible, ve a verla personalmente en cuanto sea oportuno.

Petición a una institución privada

Cada vez más las fundaciones, grandes empresas o entidades bancarias están profesionalizando sus acciones altruistas. Muchas de ellas emplean los mismos medios que la administración pública y en este caso el proceso es similar al que he descrito arriba. Pero en otras ocasiones no es así. Hay fundaciones que no publican convocatorias de ayuda y somos nosotros quienes hemos de dar el paso para contactar con ellas.

El proceso sería el siguiente:

- Busca un **directorio** de fundaciones o instituciones privadas que ayuden a ONG.

- **Selecciona** aquellas que ayuden a ONG o a proyectos similares a los de tu entidad.

- Haz una **llamada** telefónica para pedir información sobre las ayudas que conceden. Recoge todos los datos posibles: tipo de ayuda, proyectos que suelen apoyar, cómo solicitar subvenciones, qué debemos presentar, fechas de entrega, etc. Toma nota del nombre y apellidos de tu interlocutor y su teléfono y e-mail.

- Solicita una **visita personal** al presidente, director o responsable de la fundación o entidad privada. Explica que te gustaría mantener una entrevista personal para darle a conocer tu ONG y tener un cambio de impresiones. Aunque te pueden dar largas, nadie se negará a una petición amable. Adáptate al día y la hora que te concedan.

- **Prepara** tu proyecto, documentos y a ti mismo de la forma que ya sabes. Lleva documentación informativa sobre tu ONG —revistas, folletos, etc—.

- Un día o dos antes, confirma la hora y lugar de la entrevista.

- Preséntate al lugar concertado con cierta **puntualidad**. Entre 5 y 10 minutos de antelación es lo correcto. Tener un poco de tiempo te permitirá llegar relajado a la entrevista, prepararte, observar a tu alrededor y reunir datos de interés mientras esperas.

- Afronta la entrevista de la manera que comenté en el otro capítulo. Con cordialidad, amabilidad y sinceridad. Entrega a tu interlocutor la documentación que traes. Aunque ésta sea importante, no dejes de explicarle con tus palabras el motivo de tu visita.

- Siempre —aunque el resultado no sea el esperado—, da las **gracias** y despídete con cortesía.

- En el caso de que te informen sobre una convocatoria de ayuda y unas condiciones para presentar solicitudes, sigue los mismos pasos indicados en el caso de las subvenciones públicas.

- Escribe y envía una nota cortés a la persona que te recibió, agradeciéndole el tiempo dedicado y su atención.

⊛ El regalo de hoy

Te ofrezco varios links de interés donde encontrar recursos útiles.

Visita:

- www.fundaciones.org, la web de la Asociación de Fundaciones Españolas.
- www.socialia.org, web de Obra Social Caixa Galicia con muchos enlaces, noticias de ayudas e información de interés. Puedes subscribirte gratis a su boletín de noticias semanal.
- www.aefundraising.org, la web de la Asociación Española de Fundraising, con noticias, recursos e información muy útil para la tarea del fundraiser.
- www.infoayudas.com, un servicio con buscador de subvenciones y asesoría. Los primeros días te ofrecen conexión gratis para consultar lo que quieras.
- https://foundationcenter.org/, la mayor base de datos de fundaciones en los Estados Unidos, muchas de las cuales ayudan a proyectos de cooperación en el extranjero. Proporciona información y recursos al tercer sector.

Petición de ayuda a una empresa

En este caso, el proceso será muy similar al utilizado para las instituciones privadas. Pero se dan algunas salvedades.

- Conoces personalmente la empresa a la que te diriges o al empresario con quien te vas a entrevistar. Entonces tienes ya mucho camino recorrido. El conocimiento personal y la amistad te abrirá muchas puertas.
- La empresa tiene unas finalidades económicas y una visión comercial de las cosas. No lo olvides. Esto no es negativo ni debe ser un problema. Es su misión conseguir el máximo beneficio. El deber del empresario es velar por sus intereses y esto no tiene por qué suponer que no valora la labor de tu ONG. Has de asumir la diferencia de valores y criterios.

Las empresas, salvo las multinacionales que tienen ya establecida una política de donaciones, no suelen tener bases, ni convocatorias, ni exigen tantos requisitos como la administración o una fundación para solicitar ayuda. Pero nuestra profesionalidad debe mantenerse. Hay que apoyar nuestra petición con proyectos sólidos, buena documentación y toda la información que requieran. Es ideal invitar al empresario a venir a conocer personalmente nuestra organización. Seguramente no lo hará, pues no tendrá tiempo, pero podría darse el caso que sí lo hiciera. Entonces, conviene estar preparados.

Ten en cuenta...

Varios consejos a la hora de entrevistarse con un empresario:

- **No vayas con prejuicios**. A menudo en el mundo de las ONG tenemos ciertas ideas preconcebidas del mundo de la empresa y consideramos a los empresarios como capitalistas desalmados. En la mayoría de los casos, detrás de una empresa, por muy grande que ésta sea, hay personas –con corazón– que han luchado por levantar su negocio y que han empleado los mejores años de su vida en conseguir llevar adelante su empresa y dar trabajo y remuneración a muchos trabajadores. En cierto modo, su esfuerzo y su empeño son similares a los que los miembros de las ONG tenemos que tener para llevar a cabo nuestros proyectos. No somos tan diferentes. Nosotros ayudamos a personas, pero ellos también están contribuyendo a ayudar a muchas personas en la sociedad a través del empleo y la riqueza que generan.

- **Mira a la persona**, e intenta comprender su punto de vista. Un empresario siempre busca el beneficio y ve las cosas desde una óptica tal vez mucho más racional y matemática que los miembros de las ONG. Si tú estuvieras en su lugar y de ti dependieran cientos de empleados y la supervivencia del negocio, posiblemente compartirías su actitud.

- **No intentes moralizar** ni tachar de «buena» o «mala» la visión mercantil o utilitaria del empresario. Simplemente es diferente a la de una ONG, pero no tiene por qué ser peor ni mejor. No mires a tu interlocutor con aires de superioridad moral.

- Sabiendo que el empresario aprecia las cosas bien hechas, las cuentas claras y la productividad, hazle ver que tu organización también **sabe trabajar bien**: muéstrale los resultados y la **rentabilidad social** de vuestros proyectos. El empresario entiende de números y le convencerá ver que, con los recursos más ajustados posibles, beneficiáis al máximo número de personas. Valorará la seriedad, el buen hacer, el no desperdiciar recursos... Y esto es positivo.

En resumen, ante el empresario, adopta una actitud abierta, receptiva, natural y profesional. **Sobriedad y profesionalidad** son dos cualidades que un buen empresario siempre sabrá valorar.

Pedir ayuda a un particular

En este caso, debemos remitirnos al apartado que dedicamos a la entrevista personal en el capítulo 4. Lo mejor para pedir ayuda a un particular es hacerlo personalmente, de tú a tú. Pueden darse varios casos:

- Que conozcas bien a esa persona —es un amigo, compañero del trabajo o familiar tuyo—. Aquí no existen recetas ni reglas. Directamente, con franqueza y cordialidad, puedes solicitar su colaboración y sabrás cuál es la mejor manera de abordarla.
- El particular es amigo o familiar de otro amigo —es decir, vas a él dirigido por una tercera persona—. En este caso, la entrevista será mucho más formal, teniendo siempre como referencia vuestro amigo común.
- No conocéis al particular de nada. En este caso, la entrevista será totalmente profesional y deberéis prepararla paso a paso, como se describe en el capítulo 4, intentando recopilar los máximos datos posibles sobre la otra persona.

Ten en cuenta...

Varios consejos y recomendaciones ante una visita a un particular:

- Las entrevistas con personas pueden ser ocasiones estupendas para hacer nuevos **amigos** de la organización y vincularlos poco a poco en su obra social. Son un espacio que puede ser muy rico y dar mucho de sí. Escucha muy atentamente y no rechaces hablar de temas diversos que puedan interesar a tu interlocutor.

- Responde a sus preguntas y habla con calidez y proximidad sobre los proyectos de la ONG, relatando, si se da el caso, **experiencias** personales tuyas que puedan ayudar a convencer al otro de la bondad de su ayuda. En este tipo de entrevistas puedes tocar aspectos más emotivos y directos.

- No obstante, evita hablar de ti mismo y de tus asuntos personales. Al igual que evita preguntar a tu interlocutor sobre este tipo de temas.

- Aunque la entrevista sea distendida y muy cordial, no olvides que debes mantener tu **profesionalidad**. No pierdas de vista tu objetivo, que es conseguir una ayuda. No temas ser directo si la ocasión viene dada. Pide ayuda francamente, y da al otro los medios para que su respuesta sea lo más rápida posible.

No olvides que la adecuada combinación de emoción e inteligencia es perfecta. Debes transmitir un mensaje claro, pero «con alma».

Secretos de un experto en marketing para escribir cartas convincentes

Muchas son las entidades que optan por emplear técnicas de marketing directo para captar socios, donantes o padrinos. En estos casos, se suelen emplear tres vías: el envío de cartas promocionales (mailing), correos electrónicos (e-mailing), o las llamadas telefónicas a particulares.

Los mailings tienen un éxito relativo. En general, se considera que una respuesta del 1 % es bastante correcta. Llegar a un 5 o a un 10 % es un enorme éxito. Pero, para conseguir resultados que superen el coste de la campaña es necesario realizar envíos masivos, de al menos 10 000 cartas. Las grandes ONG que disponen de recursos para invertir en marketing publicitario pueden realizar mailings de 500.000 cartas o incluso más.

Una pequeña ONG que quiera realizar su mailing particular, por ejemplo a un colectivo de personas de su ciudad o región, debería tener en cuenta al menos dos aspectos:

- El **público receptor**: debe ser lo más segmentado posible. Es decir, seleccionar un sector de población que pueda responder.
- La **carta**: ha de ser una carta "vendedora", que genere interés y no acabe en la papelera y, en el mejor de los casos, que provoque una respuesta en el receptor.

Estos trucos de marketing te ayudarán a redactar una carta atractiva, tanto si se trata de una carta masiva como de una carta dirigida a una persona concreta que puede ser un potencial donante.

1. Usa siempre un titular que despierte el interés, la curiosidad o la simpatía hacia tu ONG o el proyecto para el que pides ayuda.

2. **La primera oración** o párrafo debe desarrollar lo que presentas en el titular. También puedes explicar una breve historia que capte la atención del lector y lo impulse a seguir leyendo.

3. **Dile al lector lo que va obtener** si decide apoyar la causa de tu ONG. Parece un poco contradictorio, estás pidiendo, no ofreciendo. Pero, como hemos comentado anteriormente, las ONG ofrecemos un valor añadido y gratificación a quienes colaboran con nosotros. Apela a los sentimientos y a los valores de la persona. Cuéntales lo que esperáis conseguir con su ayuda al poder llevar a cabo vuestros proyectos: cuántas personas se beneficiarán de ello y cómo.

4. **Agrega más beneficios**: explica cómo su aportación ayudará a otras personas, qué impacto social tiene el proyecto, cómo beneficiará a la sociedad y a su entorno.

5. Incrementa la credibilidad con **testimonios** de otras personas. Esto no suele hacerse en las cartas de presentación de las ONG, pero puede ser interesante introducir el testimonio de algún socio, voluntario o mecenas que ya os ayuda, para animar a otros a sumarse a la causa. Que sea verídico y entusiasta. Los testimonios en boca de terceras personas dan credibilidad.

6. Usa **subtítulos** para separar la carta en secciones. Para que el texto fluya y no se haga largo y farragoso, los subtítulos sirven como pausa y, al mismo tiempo, para remarcar aspectos claves de tu mensaje. Son a la vez un toque de atención y un estímulo para que el lector continúe leyendo.

7. Dile al lector lo que va a perder si no acepta tu proposición. Aquí hay que andar con tiento. Muchos expertos recomiendan introducir esa pequeña dosis de miedo en la justa medida que sea estimulante. Por ejemplo, puedes aludir a algún problema social que afecte a vuestra población y que preocupe al receptor de la carta, explicando que precisamente tu ONG está luchando contra esa problemática y su ayuda es importante para ello. Sería una lástima no colaborar.

8. Redacta la **oferta** de tal forma que a tus lectores les resulte fácil, cómodo y "económico" ayudar. Por ejemplo, si pides una cuota de padrino mensual, hazles ver que una cantidad módica al mes, como 18 euros, al día sólo suponen 0,60 euros, ¡menos que un café o un aperitivo!

9. Ofrece siempre una **garantía**. Explica cómo el donante recibirá justificaciones de sus aportaciones, los recibos y la información que recibirá... Invitadlo a venir a conoceros personalmente, para que pueda comprobar cómo se invierte el dinero que dona.

10. Incorpora un **incentivo** para que respondan rápido. Esto es especialmente útil en las campañas para las emergencias – ayuda para catástrofes, guerras... Si éste no es el caso, se puede dar un motivo especial a la campaña –Navidad, un evento, un festival de la ONG, etc.

11. Siempre usa una **P.D.** Las postdatas, en contra de lo que pueda parecer, son importantes. Casi todo el mundo las lee. Puedes remarcar en ellas otros aspectos resaltables de la carta, o alguna ventaja para el donante, como la desgravación fiscal.

12. Siempre, siempre, incluye un **formulario de colaboración**. Diles *exactamente*, paso a paso cómo hacer para donar. Es decir, en la carta debe haber un boleto listo para rellenar y devolver. Si lo pueden hacer por fax o por correo con franqueo en destino, les facilitarás el trabajo.

Otras recomendaciones a la hora de redactar cartas:

- Al igual que sucede con el proyecto, la carta debe estar bien redactada, sin faltas de ortografía ni de puntuación. Para ello los autocorrectores son una gran ayuda. Un consejo: utilízalos siempre.
- Antes de enviar la carta, haz que la lea otra persona, para comprobar que es clara, legible y convincente.
- Emplea una tipografía clara, lo bastante grande y legible, color negro sobre blanco.
- Juega con los colores (pocos y contrastados) y alguna imagen atrayente y relacionada con el tema de la carta, preferiblemente de personas, con el respeto y la autorización debida. Pero no sobrecargues el diseño, tiene que ser visualmente agradable y limpio.
- Asegúrate de poner correctamente el nombre, apellidos y dirección completa de la persona a quien va dirigida. Procura que sea personalizada al máximo.
- Pon, así mismo, bien claros, tu nombre y apellidos y los datos de la ONG para que puedan responderos.
- Firma de puño y letra si es impresa.
- Si es posible, que ocupe un solo folio (carta impresa). Si es más larga, deberás tener muy en cuenta los doce puntos anteriores para no aburrir ni cansar al lector. También puede ser un solo folio a dos caras.

Finalmente, te daré esta última recomendación: **estudia casos de éxito**. Mira cómo han elaborado sus cartas otras ONG conocidas. Toma nota. Puedes adaptar algunas ideas de forma creativa a la realidad de tu ONG. Seguro que más de una vez has recibido cartas de venta de algún producto, o de algunas ONG pidiendo tu colaboración. A partir de ahora, ¡no tires ninguna! Guárdalas y estúdialas despacio, especialmente aquellas que más te han llamado la atención y el interés. Averigua qué las hace atractivas o interesantes. Si puedes hablar con algún representante de esa ONG que te explique cómo plantean sus campañas, hazlo. Será muy aleccionador. Es importante ser humilde y aprender de quienes tienen más experiencia. Por supuesto, no hay dos ONG iguales y lo que sirve para una puede no encajar exactamente con tu organización... Pero te puede inspirar y aportar nuevas ideas.

Tema 6. Después de pedir... el trabajo largo y paciente

Esperando la cosecha

El final de toda gestión debe ser «cerrar la venta». En el caso de las convocatorias de ayudas públicas o privadas tendrás que esperar el resultado de las resoluciones y su notificación. Este periodo puede durar varios meses. Pedir subvenciones es como sembrar semillas en un campo. Después de la labranza y la siembra, hay que esperar la cosecha.

¿Qué hacer en el mientras tanto? Mientras la semilla crece, pueden suceder varias cosas, ante las que el captador de fondos debe estar preparado y responder inmediatamente:

- No has entregado toda la documentación requerida o algún documento no era correcto. Te requerirán para que la completes, dándote un plazo que no suele ser mayor de 10 días hábiles. Tu reacción ha de ser inmediata. Responde al requerimiento con la mayor brevedad posible, enviando la documentación requerida antes de finalizar el plazo límite con una nota amable y pidiendo disculpas por tu error u omisión. Si tienes dudas acerca de lo que te piden, no temas llamar, preguntar por la persona concreta que lleva tu expediente e informarte bien sobre lo que te piden. Sé amable y procura establecer una relación amistosa y profesional con el técnico o técnica que tramita tu proyecto. Piensa que su papel en la selección de proyectos puede ser clave. Tú has tenido mucho trabajo preparando tu dossier, pero él o ella también lo tiene leyendo y evaluando, no sólo tu proyecto, sino muchos más. Comprende su posición e intenta facilitarle las cosas.

- Según las bases de la ayuda, tu proyecto ha iniciado un proceso de selección y revisión y te piden alguna otra documentación para ampliar información. Procede igual que en el caso anterior.

- Pasa el tiempo y no obtienes respuesta. Llega el plazo en que se supone deberían notificarse las subvenciones otorgadas. Silencio institucional. Haz una llamada y averigua cómo está el proceso de resolución de ayudas. Llama cuantas veces sea necesario hasta saber algo concreto.

- Anota todos y cada uno de los pasos que das en este proceso, desde que entregas tu solicitud hasta el final. Haz un rapport o informe de cada gestión y archívalo junto con la documentación que envías o entregas. Conserva un archivo telemático, si quieres, además del archivo en papel.

✎ Ejercicio

Haz tu propio modelo de rapport o informe de tus gestiones. En él, además de los datos de la persona o institución, deberás ir anotando, con la fecha correspondiente, las diferentes acciones que vas realizando.

Agradeciendo

Llega la notificación esperada: ayudan... o no. Responde inmediatamente con una carta, que puede ser de dos tipos.

Si dicen que no, agradece la atención prestada a tu proyecto y organización y pregunta amablemente el motivo de la denegación, para poder plantear mejor tu petición en un futuro. Si no te responden por carta al cabo de 10 ó 15 días, llama y habla con los técnicos competentes para que te expliquen por qué tu petición no reunión las condiciones para ser aceptada. Toma nota de todo cuanto te digan. De las gestiones sin resultado también se aprende mucho. El fracaso es una gran escuela de futuros éxitos.

Si te otorgan una ayuda, escribe una nota de agradecimiento elegante y sincera. En algunos casos te requerirán, además, que envíes un documento, recibo o convenio firmado. Responde profesionalmente a estos requerimientos, como en las anteriores ocasiones, lo antes posible.

En el caso de particulares y empresas, procura obtener una respuesta lo antes posible después de tu petición. Si no te la dan después de la primera entrevista, sé constante en el seguimiento y vete llamando cada 15 días hasta saber su decisión. Si te solicitan más información, documentación, etc., apórtala inmediatamente.

Sea cual sea el resultado de la gestión, siempre, SIEMPRE, envía una nota de agradecimiento, a ser posible por escrito y personalizada, y firmada de puño y letra.

Dos modelos de cartas

(Los nombres y direcciones son ficticios.)

En caso de respuesta afirmativa:

Sr. Javier Alonso
PREFABRICADOS ALESA
C. Montemayor, 188
08912 Badalona

Badalona, 16 d'octubre de 2006

Estimado señor Alonso,

Desde la Fundación ARSIS queremos agradecerle sinceramente la ayuda que su empresa ha otorgado para la actividad de nuestro Centro Educativo Infantil. Gracias a su contribución, los 30 niños que atendemos podrán disfrutar del material adecuado para realizar sus actividades educativas. De esta manera, su empresa está contribuyendo a mejorar la calidad de vida de unos niños que necesitan ayuda por encontrarse en unas circunstancias familiares difíciles.
Con esta carta, le adjuntamos un recibo justificante de su donación, que podrá presentar ante Hacienda para su desgravación fiscal. También le enviamos la memoria de actividades de este pasado curso, a fin de que pueda conocer mejor toda nuestra labor.
Así mismo, le invitamos a venir a conocer personalmente nuestro centro y las actividades que llevamos a cabo. Nos gustaría mucho recibirlo, cuando le sea posible.
Para cualquier cosa, puede contactarnos llamando al teléfono 902 888 609 o bien por correo electrónico, a la dirección arsis@arsis.org.
Reciba un cordial saludo,

Montse de Paz
Fundación ARSIS

En caso de denegación de ayuda:

Sr. Antonio Figueras
C. Ferrer, 7
08912 Badalona

Badalona, 10 de julio de 2007

Estimado señor Figueras,
Desde la Fundación ARSIS queremos agradecerle el tiempo que nos ha dedicado al recibir nuestra llamada telefónica y escuchar nuestra petición. Tal como hablamos, le envío la memoria anual de actividades a fin que pueda estar al corriente de nuestra labor social en la ciudad.
Aunque en esta ocasión no ha sido posible, le agradecemos su atención y esperamos que en un futuro pueda colaborar con nosotros y apoyar nuestros proyectos, en la medida de sus posibilidades. Toda aportación será muy agradecida, pues el apoyo de personas como usted, además de hacer posible nuestro trabajo, nos anima a continuar adelante, superando las dificultades.
Aprovecho la ocasión para invitarle a venir a conocer personalmente nuestra entidad cuando lo desee. Nuestro teléfono de contacto es el 902 888 607 y nuestro correo electrónico arsis@arsis.org.
Cordialmente le saluda,

Montse de Paz
Fundación ARSIS

En todas las cartas debe constar el membrete y la dirección de la entidad remitente, así como en el sobre exterior, en caso de posibles devoluciones. Si disponéis de papel y sobres con el logo de la ONG impreso la carta tendrá un aire mucho más serio y profesional.

Modelo de certificado de donación

Para las entidades españolas declaradas de Utilidad Pública.

RECIBO DE DONACION

D. (nombre del representante), en calidad de representante de la (ONG), domiciliada en (dirección) 1, con CIF(código fiscal),

CERTIFICA:

PRIMERO: que esta entidad fue constituida en fecha de ... e inscrita en el Registro de ... con el número ...
SEGUNDO: que la (ONG) está incluida en las reguladas por el artículo 16 de la Ley 49/2002, de 23 de diciembre de Régimen fiscal de las entidades sin finalidades lucrativas y de incentivos fiscales al mecenazgo.
TERCERO: que a fin de contribuir al cumplimiento de las finalidades fundacionales establecidas en sus estatutos, D./Dª (donante) con domicilio en (dirección) y con NIF núm. (X)ha entregado en fecha (...) la cantidad de **(...) euros** en concepto de donación pura y simple.
CUARTO: que dicha cantidad ha sido donada con carácter de donativo irrevocable y aceptada como tal al amparo del artículo (X) de los estatutos de la mencionada entidad.

Y para que así conste a efectos de poder disfrutar de los beneficios fiscales establecidos en el Capítulo II del Título III de la Ley 49/2002, de 23 de diciembre de Régimen fiscal de las entidades sin finalidades lucrativas y de incentivos fiscales al mecenazgo, expido el presente certificado, como justificante del donativo.

Firma, sello.
Lugar y fecha

✱ **El regalo de hoy: modelo de memoria del proyecto**

1. Título del proyecto

2. Descripción breve del proyecto y su finalidad

En pocas líneas, resumir lo que se ha hecho, lo que se pretendía y lo que se ha logrado.

3. Actividades concretas realizadas

Precisando, de cada una de ellas:

Actividad	Fecha de inicio	Fecha de finalización	Nº de beneficiarios

4. Número de beneficiarios

Descripción de su perfil, características y necesidades. Cuántos han sido exactamente. Un poco de estadística.

5. Objetivos propuestos y resultados obtenidos.

Describir los objetivos concretos que nos propusimos, el resultado de cada uno de ellos y cómo se ha medido y comprobado, según esta matriz o similar:

Objetivo	Resultado	Indicador
Ejemplo: Alfabetizar a 50 mujeres de la población X.	*40 mujeres han aprendido a leer y a escribir en un nivel básico.*	*Número de mujeres inscritas al curso, fichas de seguimiento y exámenes de evaluación.*

6. Medios empleados en el proyecto

1. Equipo humano participante.
2. Recursos materiales utilizados.
3. otros recursos: técnicos, formación, asesoramiento, etc.

7. Colaboración de otras entidades

Listar otras entidades colaboradoras y detallar cuál ha sido su colaboración o participación en el proyecto.

8. Evaluación del proyecto

Redactar unas conclusiones sobre el proyecto, teniendo en cuenta estos puntos:

- el grado de cumplimiento de sus objetivos
- el impacto en los beneficiarios
- el impacto en el entorno social
- problemas que se han presentado y cómo se han resuelto
- resultados obtenidos
- aspectos a mejorar

9. Continuidad o perspectivas que abre el proyecto

Explicar si el proyecto continuará, y con qué medios. O bien si este proyecto generará otros en el futuro.

10. Balance económico

Detalle de gastos por partidas.

- Personal
- Formación
- Gastos de mantenimiento: locales, suministros, etc.
- Compras y adquisiciones de material fungible
- Servicios de profesionales externos
- Dietas y desplazamientos
- Gestión y secretaría
- Seguros
- Tasas
- Inversiones en equipamiento
- Obras
- Otros: publicidad, imprevistos, etc.

Detalle de ingresos y fuentes de financiación.

- Subvenciones públicas y privadas
- Donaciones
- Donaciones en especie o en servicios
- Aportación de la propia ONG
- Aportación de otros —beneficiarios, etc.
- Ingresos por ventas

El balance debería ser equilibrado. Si hay beneficio, explicar cómo se van a emplear estos fondos-lo idóneo es que se reinviertan en el proyecto o en su continuidad. Si es negativo, explicad el porqué, cómo vais a saldar este déficit y qué previsiones de financiación tenéis.

11. Anexos

Adjuntad fotografías, CD, videos, material gráfico, etc., sobre el proyecto.

Tema 7. El cierre de la gestión. Abrir nuevas puertas.

Culminar un proceso de fundraising con elegancia

Una vez la ayuda ha sido otorgada, no creas que el trabajo está finalizado. Cuando llega la cosecha, aún queda mucho por hacer.

Cuando se concede una subvención para un proyecto concreto, ésta debe justificarse. Es decir, la ONG beneficiaria deberá demostrar que ese dinero que recibe se destina al fin para el que se dio. En algunos casos, la ayuda llega antes de iniciarse el proyecto. En otros, llega en dos pagos, uno antes y otro durante o después del proyecto. En otros casos, la ayuda llega después —incluso mucho después— de haber finalizado el proyecto. Pero la institución otorgante va a pedirnos cuentas de nuestra labor. Y, si no lo hace, nuestro deber es dar esa información.

Una buena justificación y presentación de cuentas nos abre camino a futuras ayudas o a la continuidad de la colaboración.

Vamos a ver paso a paso cómo se justifica una ayuda o subvención.

La justificación de ayudas ante la administración o las fundaciones privadas

Normalmente, en las bases de las subvenciones se detalla muy bien el proceso de justificación y los documentos que se requieren. De nuevo, hay que leer la letra pequeña.

¿Qué debemos tener en cuenta?

El plazo en que debemos presentar justificantes. Cumplirlo religiosamente transmitirá la profesionalidad y seriedad de nuestra ONG, y nos hará susceptibles de ser ayudados en el futuro.

Los documentos: presentemos, pulcramente y con todo detalle, todo cuanto nos piden. Estos documentos suelen ser:

- Una **memoria** descriptiva del proyecto o actividad.
- **Documentos justificantes** de gastos —facturas, nóminas, minutas...—. Nos pueden pedir fotocopias u originales. Si piden originales, hay que presentarlas. Para que la factura sea correcta debe incluir: nombre y NIF del proveedor, nombre y NIF de nuestra ONG, concepto, importe detallado e IVA u otros impuestos. Si la factura no es al contado y no lleva sello o firma, debe ir acompañada de su recibo o resguardo bancario conforme se ha cobrado.
- Otros documentos: estado de cuentas, fotografías, material publicado sobre el proyecto, etc.

Acompañaremos toda la documentación presentada con una carta de **gratitud**.

La forma y el plazo de cobro. En muchos casos, se nos habrá pedido una cuenta bancaria para ingresarnos en ella la ayuda o subvención. Tengamos presente cuándo se ingresa esta ayuda y anotémoslo en nuestro informe de cada gestión. Nos servirá para hacer previsiones financieras. No es lo mismo iniciar un proyecto con la ayuda concedida y pagada que iniciarlo sabiendo que obtendrás el dinero al cabo de unos meses.

Cuando las ayudas llegan tarde...

En caso que la ayuda llegue con posterioridad al proyecto, y os veáis obligados a realizar el proyecto en el plazo exigido, sin haber cobrado la subvención, será necesario que la ONG cuente con otras fuentes de financiación para adelantar esos fondos y poder llevar a cabo la actividad.

Estas fuentes pueden ser fondos propios, donaciones de socios, préstamos, etc. Es importante prever esta situación. Puede darse el caso de que una entidad reciba muchas ayudas, hasta cubrir una parte importante de su presupuesto, pero las cobre varios meses o un año más tarde. Esto supone un desfase financiero importante. Deberá buscar formas de adelanto o recursos complementarios para compensar este desequilibrio. O deberá asumir un endeudamiento, al menos durante un periodo de tiempo. Esta situación genera tensión y sufrimiento en el personal y los directivos de las ONG y, por desgracia, en algunos lugares se da con bastante frecuencia cuando las entidades dependen en buena parte de las ayudas públicas. Hasta el momento no conozco otra solución que buscar todos los recursos imaginables posibles para paliarla, incluyendo los préstamos, bancarios o personales. Una buena política económica es ir creando un fondo de compensación, es decir, una reserva de fondos anuales que permita adelantar el importe de estas ayudas que se demoran cuando sea el caso. Es difícil, pues las pequeñas ONG suelen tener muchas necesidades que deben resolver en el día a día, pero se debería hacer el esfuerzo y buscar la forma de conseguirlo.

Una propuesta interesante sería formar un lobby de ONG comprometidas que pudieran movilizar a la administración y a los bancos a crear líneas de crédito para las pequeñas ONG, utilizando como aval bancario las resoluciones de concesión de ayuda, sin trámites farragosos y lentos que dificulten la gestión del préstamo o adelanto de dinero.

Por supuesto, la solución pasa también por presionar a los diferentes gobiernos y administraciones para que sean puntuales en el pago de las subvenciones, evitando así mucho sufrimiento y problemas de tesorería en las pequeñas y medianas ONG.

Justificar ayudas ante particulares o empresas

En estos casos no suele haber unas bases o criterios rigurosos que exijan la entrega de tantos documentos como en el caso de la administración. No obstante, es importante que también justifiquemos la ayuda. Lo mejor es enviar una memoria del proyecto, acompañada de fotografías, reseñas de prensa y un estado de cuentas del mismo, detallando cómo se ha gastado la ayuda otorgada. Brindar toda la información posible, con transparencia y detalles, será una señal de credibilidad de nuestra organización y nos preparará el camino para recibir más ayudas en el futuro.

Mantener los vínculos

Una vez la gestión se ha finalizado, se ha justificado la ayuda y se han percibido los fondos, el trabajo aún no ha finalizado. Esa institución o persona puede volver a ayudar en el futuro. Más aún, es muy probable que, una vez nos han ayudado, vuelvan a hacerlo. Es preciso mantener los vínculos. Para ello, además de agradecer la atención y la ayuda recibida, hay que preparar el terreno para volver a reiniciar el proceso de captación de fondos. Ahí van algunas ideas:

- Introducir a la persona o institución donante en nuestra **base de datos** para mailings o correspondencia y enviarle información regular sobre nuestra entidad, memorias, revistas, noticias, etc.
- Enviarle una **memoria** anual de nuestra entidad con una carta personalizada.
- Si no conocen personalmente la ONG y su labor, **invitarlos** a venir, cuando lo deseen o con ocasión de algún evento: una fiesta benéfica, una conferencia...
- Si no hemos visitado personalmente al representante de la institución o al particular, hagámoslo. Al menos una vez al año, o cada dos años, deben vernos la cara y escuchar, de viva voz, cómo van adelante las actividades de nuestra entidad.
- Si hacemos envíos por Internet —boletines, e-mailings, etc.— enviémoslos a nuestros colaboradores y benefactores puntuales.
- Felicitemos la Navidad y, si es posible, otras ocasiones —santos, cumpleaños, etc. Siempre con una carta personalizada. Debe notarse un aprecio especial.

Sembrar para el futuro

Mantener los vínculos con nuestros donantes y benefactores nos permitirá fidelizarlos y mantener su ayuda. Así, podremos iniciar, cada año, el proceso de siembra – cosecha que irá afianzando esta mutua colaboración. Para ellos también es importante ver nuestra perseverancia año tras año. Les hará ver que nuestra ONG y nuestros proyectos no son meras palabras o ideas, sino una labor seria y arraigada socialmente, con buenos fundamentos y que va dando sus frutos.

Abrir nuevas puertas

A medida que vayamos conociendo mejor a nuestros donantes y vayamos estableciendo esta amistad con ellos que mencioné al principio, podremos también pedirles que nos faciliten nuevos contactos –otras instituciones, otras empresas, amigos o conocidos suyos que también puedan colaborar. A esto se le llama tejer una gran red solidaria. **Un socio trae a otro socio**, reza un conocido eslogan. Una gestión te puede llevar a otra. Sólo es cuestión de tener la mente despierta y estar ojo avizor. Las gestiones que suelen iniciarse por medio de otro contacto ya conocido suelen dar buen resultado. Tenemos muchas más probabilidades de éxito que comenzando desde cero. Invitemos a otras personas a formar parte de nuestro proyecto solidario.

Tema 8. Captar fondos por Internet. Una introducción.

Principios

Internet se ha convertido en un gran medio para muchas actividades que antes se solían realizar presencialmente o a través de otros canales: teléfono, comunicación impresa...

¿Qué **ventajas** tiene? Muchas, y entre ellas destacamos seis, que para las ONG, especialmente las pequeñas y con pocos recursos, son interesantes:

- El **alcance**: potencialmente mundial, y a miles o incluso millones de internautas.
- El **coste**: relativamente bajo, muchas veces incluso gratuito, si descontamos las horas de trabajo y programación.
- La **interactividad**: el internauta se implica cómo y cuando quiere, en la medida que lo desea.
- El **ahorro** en tiempo y desplazamientos.
- La **inmediatez** y facilidad para transmitir mensajes y conseguir donaciones.

Pero, por otro lado, también hay una serie de **inconvenientes** que hemos de tener en cuenta:

- Internet es un **espacio saturado** de mensajes e información: existen millares de iniciativas en la Red, los internautas recibimos un exceso de impactos y el rechazo al spam indiscriminado es creciente.

- Como consecuencia de las facilidades que brinda este medio, la **competencia** se incrementa exponencialmente, ¿cómo destacar entre miles?
- La virtualidad y el **desconocimiento** de la entidad y su actividad pueden suscitar la desconfianza del internauta, ¿será verdad todo esto que me dicen?

A la hora de captar fondos utilizando Internet debemos afrontar estos problemas y ver qué de qué formas creativas podemos vencer las reticencias de nuestros posibles donantes.

Por tanto, unos principios básicos que deberíamos tener en cuenta son:

- Diseñar un **espacio virtual** atractivo, claro y fácilmente navegable.
- Transmitir con fidelidad y transparencia nuestro **mensaje** y nuestra petición de ayuda: el donante ha de saber exactamente a qué está ayudando y quiénes se van a beneficiar de su aportación.
- Enfocar bien la campaña y saber **llegar correctamente a nuestros destinatarios**: NUNCA enviemos mensajes indiscriminadamente, sino a aquellas personas que pueden interesarse y llegar a colaborar.
- Crear los mecanismos que permitan una **donación en muy pocos pasos**, de manera fácil, cómoda y segura, dando flexibilidad al donante para que elija la cantidad y modalidad que le sea más adecuada.
- Saber despertar el interés del internauta, combinando sabiamente insistencia con *seducción*, ¡han de llegar a **querer ayudarnos!**
- Aprovechar la ocasión para **implicar más al donante**: invitarle a opinar, a enviar sus testimonios a un blog, a participar en otros proyectos o conocerlos en persona.

Tres medios

Tenemos muchas herramientas que podemos utilizar para captar fondos on line. Destacaré estos tres:

- el **correo** electrónico,
- la **página** web,
- los **recursos** interactivos: subastas on line, donaciones tipo *crowdfunding* o micro-donaciones, uso de redes sociales como Facebook, Twitter, etc.

El correo electrónico

Es el medio más directo y personalizado y, posiblemente, el más seguro. Por correo electrónico podemos lanzar una campaña de captación de socios, por ejemplo, o bien para financiar un proyecto o gasto puntual, como la adquisición de un vehículo, la realización de unas obras, la compra de algún equipamiento...

Se trata de enviar una serie de mensajes con una finalidad muy clara: conseguir una cantidad determinada para realizar un proyecto muy concreto. Esto motiva al donante, porque sabe bien para qué servirá su aportación.

La campaña

Hemos de poner fecha a nuestra campaña, igual que le ponemos una meta o finalidad. Durante un mes o dos meses, por ejemplo, enviaremos un mensaje semanal a nuestra lista para conseguir los fondos necesarios para nuestro proyecto. Es importante acotar en el tiempo: una campaña debe ser rápida y no alargarse indefinidamente para no dispersar la atención de los destinatarios.

Planificaremos paso a paso cada mensaje, su contenido y la forma de recaudar los fondos, que puede ser mediante pago on line o por transferencia bancaria, por ejemplo.

El mensaje

Tiene que ser lo más breve posible —¡los internautas solemos ir deprisa!—, claro y atractivo, y explicitar:

- la finalidad de la campaña,
- los resultados que se persiguen,
- a quiénes va a beneficiar,
- el presupuesto.

Puesto que se van a enviar varios mensajes, esta información se puede ir enriqueciendo cada vez, añadiendo:

- la cantidad que se va reuniendo progresivamente, a modo de «**termómetro** de donaciones»,
- **testimonios de personas que ayudan**, esto refuerza muchísimo el mensaje,
- **testimonios de personas beneficiarias** del proyecto, otro gran punto a favor,
- **argumentos** que refuercen la importancia de este proyecto y el papel de los donantes,
- palabras de ánimo y **agradecimiento** a los que están colaborando.

Los destinatarios

¡Son el factor crucial! No han de ser un listado inmenso, anónimo y, mucho menos, comprado a alguna empresa de e-marketing. Esto puede funcionar para las grandes ONG que tienen mucha celebridad y a las que todo el mundo conoce, como mínimo, por haberlas visto en televisión.

Si queremos que la campaña sea efectiva, hemos de dirigir nuestro mensaje a personas que conozcamos, que hayan colaborado o estado en contacto con nuestra ONG, que sean susceptibles de ayudar y que puedan animar a otros amigos y conocidos a colaborar también. Ha de haber un vínculo *real* previo con nuestros destinatarios.

Lo mejor es que cada ONG elabore su propia base de datos de socios, amigos, voluntarios, donantes regulares y puntuales, empresas, proveedores... A partir de ahí, se puede hacer una buena lista de correos cuyo alcance se incrementará si pedimos a cada destinatario que reenvíe el mensaje a sus contactos y los anime a comunicarse con la ONG.

La eficacia de un e-mailing se multiplica cuando se envía a personas que realmente conocen nuestra ONG y de alguna manera están interesadas en ella, ya sea porque han colaborado antes o porque conocen a algún miembro o voluntario.

Para enviar mensajes de forma masiva y con un aspecto profesional, recomiendo utilizar un medio como Mailchimp, que hasta 2000 direcciones es gratuito, y permite diseñar campañas por Internet, controlando sus resultados y el índice de respuesta. Es muy sencillo de utilizar e incluye tutoriales para el usuario. Por Internet encontrarás guías prácticas para aprender sin problema a utilizar esta plataforma.

Recuerda que, si manejas listas de datos personales y direcciones, debes estar al tanto y cumplir las normativas de protección de datos. Existe un Reglamento General de Protección de Datos, de alcance internacional, que puedes consultar para saber qué debes hacer.

La página web

A veces parece que tener una página web ya debería resolver muchas cosas; quizás confiamos en exceso en que la presencia en Internet nos traerá los fondos casi por arte de magia.

No es así. Tener una web no garantiza nada. Además de *estar ahí*, debemos hacer notar nuestra presencia. Es como abrir una tienda sin hacer publicidad, sin colocar un cartel atractivo, sin lanzar una campaña de ofertas, sin celebrar fiesta de inauguración... Pero vayamos paso a paso.

La finalidad

La tienda ha de ser bonita. Así de claro. Y ordenada, y clara. Debe invitar a entrar. El «producto» ha de estar bien expuesto y a la vista. Ante todo, debemos tener clara su finalidad:

- ¿Queremos que sea simplemente informativa?
- ¿Queremos que sea interactiva?
- ¿Queremos convertirla en una herramienta de captación de fondos?

Pensemos a fondo estas cuestiones. De nuestras respuestas dependerá cómo enfoquemos el diseño de la web y sus utilidades.

El diseño

Hay páginas que priman el diseño y los efectos especiales, y esto puede ser contraproducente: el internauta ya está cansado de filigranas y si no llega en un par de clics a donde quiere, se irá. La lentitud es la primera causa por la que los internautas abandonan un sitio. Y la segunda causa, una falta de contenidos interesantes o insuficiente información sobre la entidad. Lo que interesa, fundamentalmente, es el **contenido.**

Un principio válido para el diseño de toda web de una ONG es la sencillez, la accesibilidad y la usabilidad. Esto quiere decir:

- diseño limpio, evitar exceso de información, abigarramiento, desorden,
- secciones bien definidas y a la vista en todo momento: el navegante debe poder llegar a donde quiere en un clic y regresar al inicio en otro,
- letras claras y lo suficientemente grandes y legibles,
- colores agradables y contrastados: pensemos en las personas con dificultades de visión, ¿podría verse correctamente nuestra página si fuera en blanco y negro?

Existen unas directrices internacionales acerca de cómo debe ser una web accesible, es decir, fácil de visionar para cualquier internauta. Aquí podéis descargarlas:

http://www.w3c.es/Traducciones/es/WAI/intro/accessibility

La interactividad

Si queremos que la web atraiga visitantes y potenciales donantes, deberemos pensar a fondo cómo conseguirlo.

Un **banner** o botón de donación en portada, que aparezca en todas las subpáginas invitando a colaborar, es un buen principio. Este banner ha de ir directo al enlace donde el internauta, en un par de clics, podrá hacer efectiva su aportación.

Es importante poner al alcance del navegante un **formulario** de colaboración on line, que sea sencillo y rápido de rellenar y pida los datos necesarios del donante.

Si perseguimos la participación de los internautas, disponemos de muchos recursos para hacer interactiva la web, implicar a los visitantes, incrementar su interés y facilitar que lleguen a colaborar. Aquí tenéis algunas ideas:

- colocar un buzón de sugerencias o espacio de consultas,
- incorporar encuestas interesantes de fácil respuesta,
- vincular la página a un blog con noticias frescas que se puedan comentar,
- incorporar un foro con temas de discusión,
- enlazar a un Twitter que se actualice con regularidad y frecuencia,
- añadir enlaces a videos, galerías de fotografías, etc.
- crear una sección de noticias interesantes relacionadas con la ONG, el mundo de la solidaridad, los problemas que abordáis...
- lanzar concursos, sorteos de regalos... que pidan una respuesta o participación del internauta,
- editar un boletín virtual y ofrecer el envío gratuito de este boletín a los visitantes —ojo, debe ser interesante y ofrecerles algo que les pueda resultar útil o bien captar su atención—.

También puede ser que nuestra ONG tenga otras cosas que ofrecer:

- venta de **servicios**: cursos, asesoramiento, etc.,

- **tienda**: regalos, productos de comercio justo...; podéis crear una tienda on line con un buen expositor donde se puedan visualizar los objetos, su precio y características.
- oportunidades de **voluntariado**: cómo colaborar o participar en alguna actividad de la ONG.
- oportunidades laborales de trabajar en la ONG.

Para todo ello habrá que crear los mecanismos adecuados, ya sea para enviar consultas, apuntarse a un curso o comprar un objeto de regalo.

Todo esto, con la máxima facilidad y comodidad para el internauta: con un solo clic.

Aquí encontraréis un estupendo artículo sobre cómo mejorar el rendimiento de vuestra web:

http://www.sector30.es/consejos-para-web-de-tu-ong/

Y estos son los consejos de la Asociación Española de Fundraising para tu web:

https://www.aefundraising.org/documentacion/diseno-web-captacion-fondos/

El contenido

Antes hemos dicho que lo fundamental en Internet son los contenidos. En la web, de forma concisa, sin grandes extensiones ni parrafadas farragosas, hemos de explicar lo que somos, hacemos y ofrecemos, para que el navegante salga satisfecho en sus expectativas y se lleve una sensación de credibilidad. Esto fomenta la confianza y las probabilidades de que se decida a ayudar.

Varios aspectos a considerar:

- Explicar **quiénes somos**, la historia y origen de la ONG, y añadir un listado de sus socios fundadores, patronos, miembros de la Junta... Total transparencia. Incluso, con el permiso de estas personas, se puede añadir alguna reseña biográfica de los principales fundadores.
- Explicar con claridad **qué hacemos**: proyectos, acciones concretas, número de beneficiarios, ubicación exacta... y acompañarlo con imágenes "ligeras" que no ralenticen la carga de la página.
- Explicar **cómo nos financiamos**, y adjuntar memorias de actividades y contables, ¡las cuentas claras!
- Crear un apartado de **empresas e instituciones** colaboradoras: ¿quiénes nos ayudan? Incorporar sus logos y páginas web; esto da mucha credibilidad a la organización y puede animar a otros a apoyarnos.
- Incorporar una sección **FAQ** —preguntas más frecuentes—, breves y concisas, para que un navegante curioso pueda saber rápidamente lo que desea sobre nosotros.
- Y, esto es fundamental, para dar una imagen seria de nuestra ONG... ¡cuidad la redacción, la gramática y la ortografía! Esto es tan importante como el diseño.
- Pensad en alguna versión en inglés de vuestra página, si queréis que llegue a un público mucho mayor.

El posicionamiento

Este es un factor clave en toda venta o promoción. ¿Cómo multiplicar las visitas a vuestra web? El posicionamiento en buscadores es crucial, y para ello podéis darla de alta en los buscadores señalando algunas palabras clave que aparezcan en la página, que definan lo que ofrecéis y atraigan al público al que queréis llegar. Atención, porque un exceso de palabras clave en la página puede ser considerado como spam o publicidad por los buscadores. Con una buena redacción, concisa y bien pensada, eligiendo bien las palabras y con un posicionamiento correcto, podéis incrementar el tráfico de visitas a vuestra página.

En este artículo encontraréis varias claves y recursos para posicionar correctamente vuestra página en Internet:

http://www.hellogoogle.com/como-posicionar-pagina-web-en-google/

Recordad que enlazar vuestra web con otros vínculos interesantes y muy frecuentados puede atraer más visitas a la página.

Algunos ejemplos

Os propongo visitar y estudiar a fondo estas páginas, ejemplos de cuanto hemos explicado tanto en diseño, como en contenidos, accesibilidad, recursos que atraen al visitante y agilidad:

Intermon Oxfam: http://www.intermonoxfam.org/es/

Greenpeace: http://www.greenpeace.org/espana/es/

Amnistía Internacional: http://www.es.amnesty.org/

F. Vicente Ferrer: http://www.fundacionvicenteferrer.org/es

Aldeas SOS: http://www.aldeasinfantiles.es/

Federació Catalana de Voluntariat: http://www.voluntaris.cat

Recursos interactivos

Existen muchas variedades de soportes on line que permiten acercarse al amplio público e incentivar las donaciones. Mencionaré varios, aunque hay muchos más.

También debo deciros que, sin una adecuada promoción y esfuerzo comunicativo por vuestra parte, contar simplemente con este recurso no garantiza el éxito ni una gran cantidad de donaciones. Hay tantísima oferta que es difícil reunir una cantidad significativa de dinero por estos medios, salvo que se apoyen con una campaña intensiva y adecuada.

Voy a detenerme en tres medios:

- Las subastas.
- Las campañas de micromecenazgo.
- Las redes sociales.

Las subastas on line

La Asociación Española de Fundraising comparte esta presentación sobre cómo organizar subastas on line: https://es.slideshare.net/iwith/subastas-beneficas-online-de-fundraising

Aquí las clave son conseguir los regalos gratis o casi gratis, montar una web atractiva y fácil para que los navegantes puedan elegir y pujar, y hacer una adecuada promoción de la subasta, para conseguir el máximo de participantes. E-mailing a todos vuestros contactos, alta en buscadores, portales solidarios, etc.; todo será poco. Importantísimo: alguien tiene que ocuparse de la subasta y animarla a diario.

Existe también un portal, Mercadillosolidario.com, donde se puede subastar de todo, siempre que se done el importe conseguido a una ONG.

Sistemas de donación masiva

Con un clic, son medios adecuados para financiar proyectos concretos o inversiones puntuales: es la llamada financiación en masa, micromecenazgo o crowdfunding. En la wikipedia encontraréis una explicación muy clara del sistema:

http://es.wikipedia.org/wiki/Financiaci%C3%B3n_en_masa

Una de las ventajas de este medio es que muchas personas pueden colaborar. Se estimula la participación y se incrementa la base social que apoya la ONG, además de su conocimiento. Está al alcance de todo el mundo, ya que se puede ayudar con cantidades varias, desde pequeñas aportaciones al alcance de todos hasta donaciones más cuantiosas. Aquí tenéis un ejemplo de crowdfunding en marcha, colgado en la plataforma Lanzanos.com:

http://www.lanzanos.com/proyectos/programa-hidrosanitario-en-tanzania/

Existen muchas plataformas de microfinanciación. Algunas de las más conocidas y eficaces son:

- Migranodearena.org, un referente para ONG.
- Verkami, líder en España, muy utilizada para proyectos artísticos y culturales, de las más exitosas.
- Ulule, líder en Europa, ideal para emprendedores.
- Lánzanos.com.

Desde la Fundación ARSIS hemos trabajado varias veces con la plataforma Migranodearena.org para lanzar campañas puntuales. Os voy a resumir nuestra experiencia.

Lo primero a tener en cuenta es que estas plataformas de micromecenazgo son ideales para proyectos muy concretos o necesidades puntuales, y mejor que no tengan un presupuesto muy elevado. Funcionan bien si tenéis una gran base de contactos, socios, amigos, que estén familiarizadas con Internet.

No basta colgar un proyecto en la plataforma, si no lo acompañáis de una campaña de promoción, no funcionará. De modo que debéis apoyaros en una serie de e-mails, enlaces a redes sociales y otras acciones para promover las donaciones.

He aquí nuestros consejos:

1. Pedid para algo **muy concreto**. Por ejemplo la compra de un ordenador, un videoproyector o cualquier otro equipamiento que necesitéis para una actividad concreta. En la campaña, explicad bien para qué lo queréis, quiénes se beneficiarán y cuánto cuesta. Acompañadlo con fotos y presupuestos.
2. Poned una **fecha límite**, no muy corta ni muy lejana. Un par de meses de campaña está bien. Más dispersa la atención. Menos puede ser apresurado. Si la cantidad a conseguir es módica, con cuatro o seis semanas puede ser suficiente.
3. **Comunicad** la campaña a todos vuestros contactos: por e-mail, en la página web, en redes sociales... Cara a cara y por whatsapp, de todas las formas posibles. Tener una lista de contactos es crucial.

4. Enviad una misiva **cada semana**, recordando que tenéis la campaña en marcha, animando a ayudar.
5. En cada mensaje id explicando lo que habéis conseguido. Como en una campaña de e-mails, podéis enriquecer el mensaje con testimonios de donantes, de beneficiarios...
6. **Dad alternativas** a vuestros contactos. Hay personas que todavía no están familiarizadas con las donaciones on line, o no les gusta hacerlo por ese medio. Dad un número de cuenta donde la gente pueda haceros un ingreso o transferencia, con el concepto de la campaña. Nuestra experiencia es que hemos conseguido más donaciones fuera de la plataforma que por medio de ella.
7. Cuando se termine la campaña, ¡**agradeced**! Enviad un mensaje de gratitud y felicitación, ¡lo hemos conseguido entre todos! Y fotos del resultado (el equipo comprado, etc.).
8. **Cerrad** bien la campaña en la plataforma virtual y aseguraos que os ingresan los donativos transferidos on line.
9. **No abuséis** de este medio de captación de fondos. Una vez al año está bien; o dos si la campaña ha sido breve y el importe a conseguir no era muy elevado. Más veces sería cansar a la gente y puede resultar contraproducente.

El uso de las redes sociales

Cada vez son más las personas, instituciones y empresas que utilizan Facebook para darse a conocer y anunciar sus novedades, productos o servicios. Redes como Facebook o Twitter permiten:

- apoyar alguna campaña de donaciones que pongamos en marcha,
- dar a conocer nuestros proyectos actuales con actualizaciones al minuto, esto es señal de vitalidad de la ONG y una forma de acercarnos a nuestros colaboradores, de hacerles sentir que contribuyen a algo real que funciona,
- captar simpatizantes que pueden ser futuros donantes o voluntarios,
- conseguir votos o soporte para alguna iniciativa,
- convocar a muchas personas para acudir a algún evento que queramos organizar.

Por supuesto, nuestro Facebook ha de estar vinculado con la página web y todos aquellos enlaces de interés hacia los que queramos atraer a los navegantes. De ahí que la redacción del mensaje en el muro deba ser cuidadosamente elaborada, y las fotografías han de ser bien elegidas. Una buena imagen puede captar más visitas que cualquier otro factor.

Algunas ONG han desarrollado tácticas muy creativas a través de Facebook, como juegos y concursos en los que el donante, a la vez que ayuda, está divirtiéndose.

Facebook también ha desarrollado una herramienta para ayudar a captar fondos a las ONG: **Facebook Causas** (http://causes.com/). Con este medio, se han recaudado millones de dólares para muchas iniciativas.

Otro recurso de Facebook son las tiendas on line, que os permite abrir un negocio on line o una tienda solidaria.

Trucos para crear una gran lista

La **lista de correos** —vuestra base de contactos— es crucial si queréis trabajar la comunicación y la captación de fondos on line. Cuantas más personas amigas e interesadas tengáis cerca, en contacto regular con vosotros, más respuestas obtendréis a la hora de iniciar una campaña o pedir ayuda.

Como ya he dicho, no recomiendo comprar listas de miles de personas o empresas a las que no conocéis. Es mejor crear vuestra propia lista e irla ampliando con constancia y seriedad.

Tres puntos para crear una gran lista, según los blogueros de éxito:

1. Utilizad un **medio de envío** como Mailchimp o Convertkit, que gratis o a un precio asequible os permita enviar y gestionar miles de mensajes con garantía de seguridad. Abrid una cuenta en alguna de estas plataformas, diseñad la ficha de inscripción y comenzad.
2. **Inscribid** en la lista sólo a las personas realmente interesadas: dadles la ocasión de que se apunten ellas mismas de forma fácil, incluyendolo en la web. Si las apuntáis directamente de vuestras listas de socios, aseguraos de pedir yo obtener su permiso (por la ley de protección de datos).
3. **Ofreced** algo atractivo, útil o interesante, de forma gratuita, a los subscriptores. Desde un boletín, contenido de interés, alguna invitación a un evento, un e-book o material vuestro. ¡Imaginación al poder! En términos comerciales hablaríamos de un regalo de bienvenida.

Conclusiones

Tanto las páginas web, como los blogs, Twitter o Facebook son estupendas herramientas para **comunicar**, dar noticias y movilizar al internauta. La captación de fondos, recordemos, tiene mucho que ver con la comunicación y con hacer amigos. El uso inteligente de estos medios, que permiten agilizar el flujo de noticias y la interactividad con el público, a medio y largo plazo nos puede aportar ingresos y colaboraciones para la ONG.

Finalmente, descubrimos que las claves del éxito en Internet, igual que en la captación de fondos tradicional, siempre son las mismas:

- **Las personas** son lo primero: dirígete al público adecuado, con el lenguaje y los medios adecuados, personalizando al máximo, pensando en *ellos*.
- Transmite un **mensaje** claro, veraz, entusiasmante, positivo, que despierte el deseo de ayudar a tu causa.
- Dedícale **tiempo**: Internet no te ahorrará esfuerzos, por muy fácil que parezca todo en pantalla. Tanto en una visita cara a cara como sentado ante tu ordenador, vas a necesitar muchas horas de reflexión, estrategia y seguimiento paciente y tenaz, sólo así tu trabajo dará sus frutos.

Despedida

Hemos finalizado el curso. Pero ahora comienza tu trabajo en serio.

Todo cuanto te he mostrado no es sino una serie de pistas para que te conviertas en un experto en captación de fondos y consigas todo lo que te propones para contribuir a sostener tu ONG y sus proyectos. Este curso es una orientación y te aporta una ayuda, pero sólo tu trabajo y tu disposición harán posibles los resultados. Ha llegado el momento de poner en práctica todo lo aprendido.

El secreto es dedicarle tiempo, tener perseverancia y creer con entusiasmo en el valor de tu trabajo. Cuando los ánimos decaigan, piensa en todas las personas, con cara y nombres, que se beneficiarán de tu esfuerzo. Ellos te darán la energía y la motivación que necesitas.

¡Adelante!

Si has adquirido este libro en Amazon, te agradeceremos mucho que dejes tu comentario. Y si te ha gustado y te ha sido útil, ¡que lo recomiendes a tus contactos y amigos! Sobre todo a otras ONG que se puedan beneficiar.

Si deseas más información o quieres comunicarte con nosotros, escribe al correo montse@arsis.org y con gusto te responderemos.

Montse de Paz
Fundación ARSIS

Made in the USA
Columbia, SC
17 March 2022